AF318880

TEXTE ANNOTÉ

DE

LA LOI DU 21 AVRIL 1810.

A PARIS,

Chez AUGUSTE DURAND, Libraire,

Rue des Grès, n° 7.

───────

OUVRAGE DU MÊME AUTEUR:

DE LA LÉGISLATION MINÉRALE SOUS L'ANCIENNE MONARCHIE, ou Recueil méthodique et chronologique des Lettres patentes, Édits, Ordonnances, Déclarations, Arrêts du Conseil d'État du Roi, du Parlement et de la Cour des monnaies de Paris, etc., concernant la législation minérale; publié sur les manuscrits originaux, annoté et mis en ordre.

TEXTE ANNOTÉ

DE

LA LOI DU 21 AVRIL 1810,

CONCERNANT

LES MINES, LES MINIÈRES, LES TOURBIÈRES,

LES CARRIÈRES ET LES USINES MINÉRALURGIQUES,

PAR

E. LAMÉ FLEURY,

INGÉNIEUR AU CORPS IMPÉRIAL DES MINES.

PARIS.

IMPRIMERIE IMPÉRIALE.

MDCCCLVII.

AVERTISSEMENT.

L'histoire de la législation minérale présente, au milieu de variations successives, trois périodes principales : une longue période de tâtonnements, qui commence en 1413 et ne se termine qu'en 1791 ; la période de perfectionnement, qui n'a pas duré une vingtaine d'années, et la période, relativement définitive, qui s'ouvre par la loi du 21 avril 1810. Chargé par l'administration de la publication d'un *Recueil méthodique et chronologique des lois, décrets, ordonnances, arrêtés, circulaires, etc., concernant le service des ingénieurs au corps impérial des mines,* j'avais d'abord eu la pensée de réunir, en un seul corps d'ouvrage, les règlements épars de toutes les périodes, et de les commenter à l'aide de décisions judiciaires et administratives, rendues dans des espèces particulières, de manière à en fondre, dans un ensemble homogène, l'histoire, la lettre et l'esprit, — ces trois éléments constitutifs de toute législation. Mais des nécessités administratives ne permettaient pas qu'il en fût ainsi, et ce Recueil est resté un code essentiellement pratique et officiel, qui ne comprend que les deux dernières périodes. J'ai donné, dans mon ouvrage *De la législation minérale sous l'ancienne monarchie,* — à l'avertissement duquel j'emprunte ce qui précède, — cette période historique à laquelle a succédé la loi du 28 juillet 1791. Je voudrais aujourd'hui, réalisant mon idée première, dans ce que la publication des deux ouvrages dont je viens de parler lui laisse de praticable, compléter un travail qui, je suis loin de me le dissimuler, eût beaucoup gagné à ne pas être ainsi démembré.

. Appelé, par une circonstance fortuite, à professer, durant l'un des derniers hivers, le cours de droit administratif à l'école impériale des mines, j'ai été amené, par la préparation même de mes leçons sur la législation minérale, à penser qu'il était possible de rassembler, sous la forme d'un commentaire de la loi fondamentale, les principales dispositions de la jurisprudence relative aux exploitations minérales et aux usines minéralurgiques. J'ai cru que l'on pouvait atteindre le but sans s'écarter des textes mêmes des actes souverains rendus au contentieux, des arrêts de la cour de cassation, et de quelques décisions du gouvernement ou de l'administration prises dans des cas particuliers. Ce ne sont pas, en effet, seulement les circonstances d'espèce qui déterminent les autorités administrative et judiciaire dans l'appréciation des faits soumis à leur examen : ces faits ne dominent pas tellement les questions qu'on ne puisse aisément, dans la formule

même des actes que je considère, et bien qu'ils n'aient
pas pour objet de fixer des points de droit isolés,
trouver un ensemble de principes réellement indépendants des conditions dans lesquelles ils ont été posés.
S'il est, dans toute jurisprudence, des points douteux,
sur lesquels les opinions sont et peuvent être partagées,
il en est d'autres, — très-nombreux dans la législation
minérale, déjà longuement éprouvée par la pratique, —
qui ne laissent plus place au doute, ou qui, du moins,
ont reçu de l'expérience un caractère en quelque sorte
définitif. Les applications sont illimitées; mais elles
gravitent, en somme, autour d'un petit nombre de
principes peu susceptible de s'accroître.

J'aurai tout dit au sujet de l'origine de ce livre; si
j'ajoute que l'administration a bien voulu m'autoriser
à me servir de la *composition* du Recueil officiel pour
publier, *sous ma propre responsabilité*, le commentaire
dont j'avais ainsi conçu l'idée. Ces détails, dans lesquels il m'était indispensable d'entrer, suffiraient, au
besoin, à justifier la disposition, peut-être inusitée, que
j'ai dû adopter. Je dirai, du reste, au sujet de la forme
même de commentaire, — suivie par de si éminents
jurisconsultes et néanmoins trop souvent appréciée sans
justice, — que, complétement libre dans mes allures,
je l'aurais encore choisie de préférence à la forme du
traité. De ces deux modes, en quelque sorte complé-
mentaires l'un de l'autre, et dont chacun a naturellement ses avantages et ses inconvénients, le second,

comme on peut le voir dans la notice bibliographique qui suit cet avertissement, semble momentanément usé en matière de droit minéral : le mode didactique ne paraît, en effet, plus aussi nécessaire pour une législation spéciale basée sur une loi organique déjà ancienne, — que complètent deux lois seulement et un petit nombre de décrets ou d'ordonnances [1]. J'espère même avoir démontré, dans cet ouvrage, qu'il suffit, pour résoudre la plupart des difficultés que recèlent le texte et l'esprit de cette loi organique, de renvoyer soit aux actes supplémentaires, soit aux instructions administratives, et d'en rapprocher les principes essentiels de la jurisprudence.

La base de mon travail a donc été la loi du 21 avril 1810, à laquelle j'ai joint méthodiquement, dans des notes, pour chaque article, l'indication des lois, décrets, ordonnances, arrêtés, instructions ministérielles qui la complètent, et la citation par extraits, convenablement choisis, des monuments de la jurisprudence du conseil d'état et de la cour de cassation qui peuvent servir à l'interpréter et à l'appliquer. Le sens et la portée de chacun des articles de la loi de 1810 m'ont paru pouvoir être ainsi démontrés, de manière à dissiper presque tous les doutes et à résoudre à peu près toutes les questions que peut faire naître la lecture

[1] Lois des 27 avril 1838 et 17 juin 1840. — D. 18 novembre 1810, 6 mai 1811 et 3 janvier 1813. — O. 7 mars et 23 mai 1841, 18 avril 1842 et 26 mars 1843. — D. 23 octobre 1852.

du texte. J'ai mieux aimé, d'ailleurs, autant que possible, donner un bon commentaire tout fait, en
transcrivant les documents eux-mêmes, que d'essayer
un commentaire dont le mérite unique aurait parfois
été de m'appartenir, et dont le défaut capital aurait
souvent été de laisser, dans l'esprit du lecteur, une
incertitude — qui lui est toujours permise, s'il n'a pas
sous les yeux l'espèce à laquelle la décision se rapporte,
lorsqu'on substitue, dans un ouvrage de jurisprudence,
des analyses aux citations textuelles. Enfin, bien que
je me sois principalement occupé de commenter le
texte de la loi organique, je n'ai pas pour cela négligé
les points secondaires qui pouvaient y être naturellement rattachés. Mais, voulant faire avant tout un
ouvrage *pratique*, je n'ai abordé que les questions *pra-
tiques* que peuvent soulever les applications de la législation minérale : j'ai laissé complétement de côté le
point de vue historique, — traité, du reste, dans mon
aperçu des origines du droit minéral de la France, —
et le point de vue théorique, dont l'importance va
s'annihilant de jour en jour. Je discute rarement; je
résume et j'expose, sous une forme précise et concise
tout à la fois, les régimes légaux des exploitations
minérales et des usines minéralurgiques. Il est dans
les nécessités d'un travail de cette nature, dont la
forme exige une grande sobriété, de mettre à l'écart
tout développement qui n'aurait pas une utilité immédiate.

On connaît maintenant l'idée qui a présidé à mes annotations du texte de la loi de 1810 : elles ne forment, à proprement parler, que la première partie de cet ouvrage. La seconde se compose d'une série de tables, au sujet desquelles je demande la permission de dire quelques mots.

Ayant été obligé de compulser, avec un soin minutieux, tous les monuments de la jurisprudence du conseil d'état et de la cour de cassation, pour choisir, en connaissance de cause, ceux qui étaient propres à poser les principes de la législation minérale, j'ai pensé rendre un véritable service au public spécial que ce sujet intéresse en le faisant profiter du résultat de mes investigations, alors même qu'elles m'avaient été directement inutiles. En effet, les recherches dans les recueils d'arrêts, nécessairement coordonnés à un point de vue général, ne laissent pas que d'être assez pénibles et embarrassantes : les actes relatifs à une matière déterminée y sont trop souvent recueillis sous une rubrique absolument étrangère à cette matière. Il est donc intéressant de pouvoir trouver, sur un objet quelconque du droit minéral, les décisions qui ont pu être rendues par les tribunaux supérieurs de la justice et de l'administration. Tel est le but que je me suis proposé dans les deux Répertoires chronologiques qui suivent le texte annoté. Toutefois, parmi les actes souverains rendus au contentieux et les arrêts de la cour de cassation, il en est quelques-uns qui reposent sur l'ap-

préciation de faits dont l'intelligence exigerait des ex-
plications souvent très-développées : pour ceux-là, il
m'a été parfois tout à fait impossible de mentionner
autre chose que les indications propres à les faire
retrouver. La plupart présentent heureusement un
point de doctrine nettement dégagé, et c'est à cette
classe qu'appartiennent naturellement les nombreux
documents dont je me suis servi : je n'ai pas manqué,
dans ce dernier cas, d'indiquer les notes où ils avaient
été cités par extrait.

Mon ouvrage vient, comme je le rappelais en com-
mençant, à la suite de plusieurs traités, et n'a point l'am-
bition de les remplacer. Mais, après avoir exposé, dans
l'ordre plus ou moins méthodique que me traçait la loi
de 1810 elle-même, par les notes qui en accompagnent
les articles, les préceptes généraux du droit minéral,
j'ai cru nécessaire de corriger, autant qu'il dépendait de
moi, les allures forcément un peu embarrassées d'un
commentaire. Tel est l'objet du Résumé alphabétique
et analytique par lequel je termine, et où, sous chaque
mot important, j'ai essayé de rattacher les règles et les
principes aux textes ou aux notes qui les indiquent. Cet
autre mode d'exposition systématique m'a semblé
pouvoir attribuer à mon commentaire quelques-uns
des avantages d'un traité.

Je n'ai évidemment rien à dire relativement à la
table des documents d'intérêt particulier. Quant à celle
des documents d'intérêt général, elle était un complé-

ment indispensable, à tous égards, d'un ouvrage de ce genre. Le lecteur y trouvera, avec indication de la source même à laquelle il pourra recourir, la réunion complète des lois, décrets, ordonnances, arrêtés, circulaires, etc., qui concernent la législation des exploitations minérales et des usines minéralurgiques.

BIBLIOGRAPHIE.

I. Nouveau code des mines, faisant suite à la jurisprudence générale des mines en Allemagne, contenant un recueil complet des lois et actes du gouvernement français relatifs aux mines, usines, carrières, tourbières, salines, et de tous ceux indispensables à connaitre en semblable matière, par M. Blavier, ingénieur en chef au corps royal des mines. — 1825, 1 vol. in-8°.

II. Législation sur les mines et les expropriations pour cause d'utilité publique, ou lois des 21 avril et 8 mars 1810[1], expliquées par les discussions du conseil d'état, les exposés de motifs, rapports, discours, et généralement par tous les travaux préparatoires dont elles sont le résultat, et complétées par les actes de l'autorité publique qui les concernent ; par M. le baron Locré, ancien secrétaire général du conseil d'état. — 1828. 1 vol. in-8°.

III. Essai d'un répertoire raisonné de législation et de jurisprudence en matière de mines, minières, tourbières, carrières, etc., par M. G.-E. Brixhe, substitut du procureur général à la cour d'appel de Liége. — 1833. 2 vol. in-8°.

IV. Traité sur la législation des mines, minières et carrières, en France et en Belgique, par M. A. Déledecque, avocat général près la cour d'appel de Bruxelles. — 1838. 2 vol in-8°.

V. Législation française sur les mines, minières, carrières, tourbières, salines, usines, établissements, ateliers, exploitations, où se traite la matière minérale, tels que forges, hauts fourneaux, lavoirs, etc., par M. A. Richard, avocat, ancien sous-préfet. — 1838. 2 vol. in-8°.

VI. Traité, sous la forme de commentaire, sur la législation des mines, minières, carrières, tourbières, usines, sociétés d'exploitation et chemins de

---

[1] Il n'est pas besoin de dire qu'aucune relation entre ces deux lois ne motive leur réunion dans un même volume, et que cette réunion n'a pu avoir lieu que par des considérations absolument étrangères à la législation minérale, la propriété souterraine n'ayant nullement son origine dans une expropriation.

transport, par M. Peyret-Lallier, avocat, ancien membre de la chambre des députés. — 1842. 2 vol. in-8°.

VII. Nouveau code des mines, recueil méthodique et chronologique des lois et règlements concernant les mines, minières, carrières et usines, depuis 1791 jusqu'à 1846, annoté de décisions administratives et judiciaires rendues en France et en Belgique, par MM. L.-C.-A. Chicora et Ernest Dupont, avocats. — Bruxelles, 1846. 1 vol. in-8°.

Supplément du nouveau code des mines annoté, par M. L.-C.-A. Chicora. — Bruxelles, 1852. 1 vol. in-8°.

Jurisprudence du conseil des mines de Belgique, recueillie et mise en ordre par M. L.-C.-A. Chicora, docteur en droit : 1837 à 1850; 1850 à 1855. — Bruxelles, 1851 et 1856. 2 vol. in-8'.

VIII. Traité pratique de la jurisprudence des mines, minières, forges et carrières, à l'usage des exploitants, maîtres de forges, ingénieurs et des fonctionnaires ressortissant aux ministères des travaux publics, de l'intérieur et de la justice, par M. Étienne Dupont, ingénieur au corps impérial des mines. — 1853. 2 vol. in-8°.

IX. De la propriété des mines et de ses conséquences, d'après les principes de la loi du 21 avril 1810, par M. P. Rey, ancien avoué, directeur du contentieux des établissements de Blanzy, du Creuzot, de Montchanin, etc. — 1855, in-8°, t. I".

X. Les lois des mines. Traité pratique à l'usage des concessionnaires de mines; des exploitants de minières, carrières et tourbières; des maîtres d'usines affectées au traitement des substances minérales, et des propriétaires de terrains ou bâtiments situés dans le voisinage des mines ou des établissements métallurgiques; par M. Gabriel Dufour, avocat à la cour de cassation et au conseil d'état. — 1857, 1 vol. in-8°.

Tous les traités, cours, dictionnaires, etc., de droit administratif, contiennent nécessairement un aperçu plus ou moins sommaire de la législation minérale, et je n'ai évidemment à fournir aucune indication à cet égard; mais, à côté des ouvrages spéciaux dont je viens de donner la nomenclature, je dois citer deux recueils qui, bien qu'embrassant dans leur cadre de tout autres objets que le droit minéral, méritent ici une mention particulière.

— L'un est le Répertoire méthodique et alphabétique de législation, de doctrine et de jurisprudence en matière de droit..... de Dalloz, la plus consi-

dérable peut-être des publications du xixe siècle, où le mot *Mines* est le prétexte d'un volumineux traité de législation minérale.

— L'autre est une publication périodique à laquelle, mon Recueil officiel ne
se trouvant pas dans le commerce, j'ai dû renvoyer le lecteur pour consulter
les documents réglementaires cités dans mes notes : je veux parler des *Annales
des mines*, dont il convient, en raison même de la fréquence de ces renvois,
de retracer ici rapidement l'histoire, en ne considérant cette publication qu'au
point de vue restreint de l'utilité administrative. Je ne pouvais, d'ailleurs,
passer sous silence, dans cette notice bibliographique, la série, continuée de
temps à autre par l'administration actuelle, des articles si intéressants sur le
droit minéral qu'a régulièrement insérés dans ce recueil, de 1833 à 1848,
M. de Cheppe, alors chef de la division des mines.

Aux termes de l'article 7 de l'arrêté du comité de salut public, du 13 messidor an ii, instituant une agence des mines, cette administration devait publier un Journal des mines, d'après un programme approuvé par le comité
lui-même, et servant précisément d'introduction au premier numéro, paru le
1er vendémiaire an iii.

On lisait dans ce programme :

« Les efforts des individus ne sont rien si une bonne administration ne les
dirige. Nous insérerons les arrêtés, les rapports, les instructions, les décisions
relatifs aux mines : ces pièces se répandront et se conserveront plus sûrement,
étant jointes à un corps d'ouvrage. »

Le Journal des mines fut suspendu en ventôse an vii, date du cinquante-
quatrième numéro, et repris en vertu d'un arrêté ministériel du 15 germinal
an ix; un nouveau programme fut placé en tête du cinquante-cinquième
numéro (t. X); on y lit :

« On suivra, dans la continuation du Journal des mines, les mêmes principes qui l'ont dirigé jusqu'ici.....

« Toutes les *lois, règlements et actes quelconques du gouvernement relatif aux
mines* y seront publiés. C'est ici le Journal des mineurs, et rien ne peut leur
être plus intéressant à connaître.

« On insérera aussi quelquefois des *notices sur la législation des mines dans les
pays étrangers............* »

Le Journal des mines, dont 38 volumes avaient successivement été publiés,
depuis 1795 jusqu'à 1815, par l'administration des mines, a cessé de paraître
au commencement de 1816. Deux tables analytiques des matières contenues
dans ce recueil ont été dressées : l'une, en 1813, pour les 28 premiers volumes;
l'autre, en 1821, pour les dix derniers.

A la seconde de ces tables est annexée l'indication des principaux actes du

gouvernement rendus, relativement aux mines et aux usines, pendant le second semestre de 1813 et les années 1814 et 1815, — le Journal des mines
offrant des lacunes durant cette période.

Vers la fin de 1816, le ministre de l'intérieur a autorisé, sur la demande
du directeur général des ponts et chaussées et des mines, la publication d'un
nouveau recueil, — faisant suite au Journal des mines, sous le titre d'Annales
des mines, — qui a été continué depuis cette époque, sans autre interruption
que celle de l'année 1831, pour laquelle une table alphabétique et analytique
des matières contenues dans les deux premières séries a seule été publiée.

La première série des Annales des mines (1816-1826) se compose de
21 volumes; la deuxième (1827-1830), de 8 volumes; la troisième (1832-
1841) et la quatrième (1842-1851), de 20 volumes chacune, non compris un
volume de tables, publié en 1847 pour l'une, et en 1852 pour l'autre. La
cinquième série, commencée en 1852, a une *Partie administrative*, compor-
tant annuellement un volume spécialement consacré aux actes administratifs
et à la jurisprudence.

SOMMAIRE.

ABRÉVIATIONS.

A. C. Arrêt du conseil d'état au contentieux (1848-1852).
C. C. Arrêt de la cour de cassation.
Civ. Chambre civile de la cour de cassation.
Crim. Chambre criminelle de la cour de cassation.
D. Décret impérial.
D. C. Décret rendu au contentieux.
O. Ordonnance royale.
O. C. Ordonnance royale rendue au contentieux.
Req. Chambre des requêtes de la cour de cassation.
Réu. Chambres réunies de la cour de cassation.
S^{on}. Section.
T. Titre.

LOI DU 21 AVRIL 1810,

CONCERNANT

LES MINES, LES MINIÈRES, LES TOURBIÈRES,

LES CARRIÈRES

ET LES USINES MINÉRALURGIQUES.

TITRE PREMIER.

DES MINES, MINIÈRES ET CARRIÈRES [1].

ARTICLE 1er. Les masses de substances minérales ou fossiles, renfermées dans le sein de la terre ou existantes à la surface, sont classées, relativement aux règles de l'exploitation de chacune d'elles, sous les trois qualifications de mines, minières et carrières [2].

[1] Voir l'instruction ministérielle du 3 août 1810, aux *Généralités*.

[2] Le législateur a établi cette classification sans avoir égard à la forme, aux difficultés et aux dangers de l'exploitation, comme il a compris toute une classe de substances sous la dénomination de carrières, soit qu'elles soient exploitées à ciel ouvert ou avec des galeries souterraines.

Les distinctions de la loi ne sont point arbitraires; leur objet réel est d'établir que les régimes divers (*légaux*) d'exploitation se rapportent, non au mode de gisement des substances minérales, mais à leur nature; autrement les classifications seraient complétement inutiles.

Si on admettait une autre interprétation, une mine tantôt serait non

Art. 2 [1]. Seront considérées comme mines celles connues pour contenir en filons, en couches ou en amas, de l'or, de

concessible, tantôt devrait être concédée, suivant qu'on l'exploiterait à ciel ouvert ou par puits et galeries, circonstances qui peuvent se trouver réunies à l'égard d'un même gîte.

Le principe de la concessibilité des mines est fondé sur l'expérience, sur la nécessité de préserver leur exploitation des désordres qui, à diverses époques, avaient gravement compromis l'intérêt public, et dont une législation prévoyante devait empêcher le retour.

Le gouvernement doit exécuter la loi, et ne peut, par quelque considération que ce soit, la restreindre ni l'étendre.

En fait, des gîtes contenant du bitume en filons, couches ou amas, sont des mines et ne peuvent être exploités que conformément aux règles prescrites, pour l'exploitation des mines, par les titres II, III, IV et V de la loi de 1810.

Bien qu'un gîte de bitume soit exploité à ciel ouvert, bien que tout autre mode d'exploitation y paraisse impraticable, il doit nécessairement être soumis au régime des concessions en vertu de cette loi.

L'opinion qui tendrait à le considérer comme une minière aurait pour résultat d'introduire, dans l'article 2 de ladite loi, une distinction arbitraire et périlleuse, qui pourrait s'appliquer à toutes les substances que cet article

énumère, et d'étendre l'article 3 par une assimilation que rien n'autorise. (O. 10 octobre 1839, citées aussi à l'article 3; — il importe de remarquer que ces deux ordonnances, portant concession de mines de bitumes, ont été exceptionnellement insérées *in extenso* au Bulletin des lois.)

[1] Voir la note qui accompagne l'article 5.

— Les mines de sel gemme sont, par leur nature même, implicitement comprises parmi les masses de substances minérales ou fossiles qui se tirent de la terre. Le sel gemme, ne pouvant appartenir aux minières ou aux carrières, appartient nécessairement à la classe des mines; les dispositions purement énonciatives de l'article 2 n'ont rien qui déroge soit à l'article 1er, soit à la généralité de la règle prescrite par l'article 5, pour l'exploitation des mines, et on ne peut établir d'exception là où la loi n'en a pas elle-même établi. (C. C. 8 septembre 1832.)

On sait qu'après de nombreuses incertitudes, à l'histoire desquelles se rattache précisément cet arrêt de la cour suprême, le sel a été soumis définitivement au régime commun par la loi spéciale du 17 juin 1840. Voir, en conséquence, cette loi, l'ordonnance y relative du 7 mars 1841 et la circulaire du 30 du même mois, — dont les dispositions principales

l'argent, du platine, du mercure, du plomb, du fer en filons ou couches [1], du cuivre, de l'étain, du zinc, de la calamine, du bismuth, du cobalt, de l'arsenic, du manganèse, de l'antimoine, du molybdène, de la plombagine, ou autres matières métalliques, du soufre, du charbon de terre ou de pierre, du bois fossile, des bitumes [2], de l'alun et des sulfates à base métallique.

Art. 3 [3]. Les minières comprennent les minerais de fer [4]

(parmi celles qui ressortissent à l'administration des mines) sont, d'ailleurs, indiquées dans les notes des articles auxquels elles peuvent correspondre.

[1] Voir, au sujet des mines de fer, les articles 68, 69 et 70 de la loi, la circulaire du 30 juin 1819, sur les minières, ainsi que la troisième et la quatrième des notes suivantes.

[2] Des schistes bitumineux, disposés en couches qui s'enfoncent dans les profondeurs de la terre, ou pouvant donner lieu à une exploitation à ciel ouvert, appartiennent, par leur nature, à la classe des mines ; ce sont des gîtes de bitume.

Voir également, au sujet des bitumes, la note qui accompagne l'article 1er de la loi.

[3] Voir ci-après le titre des *Minières*.

[4] Aux termes de l'article 5 de la loi du 16 juin 1851, sur la constitution de la propriété en Algérie, la législation minérale, — appliquée conformément à l'organisation spéciale de l'administration dans cette colonie, — y est maintenant la législation métropolitaine. Un décret impérial, du 6 janvier 1855, a même fait rentrer sous le régime de la loi de 1810 les concessions de mines en Algérie dont le titre était antérieur à la promulgation de la loi de 1851.

Ce décret a néanmoins maintenu de nouveau la disposition particulière aux minerais de fer, établie par un arrêté du chef du pouvoir exécutif, en date du 9 octobre 1848, et continuée, après la loi de 1851, par un décret du 6 février 1852.

En conséquence, sont inapplicables à l'Algérie, en ce qui concerne les minerais de fer d'alluvion et les mines de fer en filons ou couches, exploitables à ciel ouvert, les articles 3 et 59 à 69 inclusivement de la loi de 1810 : tous les minerais de fer de l'Algérie sont assujettis au régime des concessions.

Ce régime exceptionnel, qui n'a, à proprement parler, pas de raison d'être, sera vraisemblablement modifié tôt ou tard.

dits d'alluvion, les terres pyriteuses propres à être converties
en sulfate de fer, les terres alumineuses [1] et les tourbes [2].

Art. 4 [3]. Les carrières renferment les ardoises, les grès, pierres
à bâtir et autres, les marbres, granits, pierres à chaux, pierres
à plâtre, les pouzzolanes, les trass, les basaltes, les laves, les
marnes, craies, sables, pierres à fusil, argiles, kaolin, terres à
foulon, terres à poterie, les substances terreuses et les cailloux
de toute nature, les terres pyriteuses regardées comme engrais;
le tout exploité à ciel ouvert, ou avec des galeries souterraines.

[1] Voir ci-après la section III du titre VII de la loi.

— Si le fer et l'alun sont classés
parmi les mines, il est vrai que les
minerais de fer dits *d'alluvion* et les
terres alumineuses constituent, suivant l'article 3, de simples minières;
mais cette disposition est spéciale au
fer et à l'alun classés dans de certaines
conditions; la spécialité de cette disposition est indiquée, avec précision,
par les développements qu'elle reçoit
dans les sections II et III du titre VII.

L'article 69 se trouve également au
nombre de ces dispositions spéciales
aux minerais de fer, et s'applique à
ces minerais exclusivement; cette exception, dictée par des considérations
particulières, consacre, par cela même,
de plus fort, le principe général de la
concessibilité des mines, quel que soit
le mode de leur exploitation. (O. 10 octobre 1839, cités déjà à l'article 1er.)

— La concessibilité des mines résulte de la nature des substances dé-
nommées en l'article 2 de la loi de
1810, et non de leur gisement et de

leur mode d'exploitation, cette loi n'a
fait qu'une exception à ce principe,
par son article 69 applicable seulement au minerai de fer. (D. C. 22 août
1853, cité aussi aux articles 5 et 43.)

Il importe de remarquer, à ce sujet,
que l'article 69 est encore applicable
à l'alun, comme cela vient d'être dit,
et à la pyrite de fer.

— Cette dernière substance offre
même ceci de particulier, qu'elle se
trouve classée: tantôt parmi les *mines*,
comme pouvant rentrer dans les gîtes
de *sulfates à base métallique;* tantôt
parmi les *minières,* comme *propre à
être convertie en sulfate de fer;* tantôt
enfin parmi les *carrières,* quand elle
doit être *regardée comme engrais.*

[2] Voir ci-après la section des *Tourbières.*

[3] Voir ci-après la section des *Carrières.*

— Les terres à pipes, ayant un rapport direct avec les argiles, kaolins,
terres à poterie, doivent évidemment
être rangées parmi les substances dé-
signées dans cet article.

TITRE II.

DE LA PROPRIÉTÉ DES MINES.

Art. 5 [1]. Les mines ne peuvent être exploitées qu'en vertu d'un acte de concession délibéré en conseil d'état.

Art. 6. Cet acte règle les droits des propriétaires de la surface sur le produit des mines concédées [2].

[1] La propriété des mines ne dérive que de la concession qui en est faite par l'autorité publique; cette matière a pour règle les lois qui la régissent, et non l'article 552 du code civil, qui d'ailleurs renvoie lui-même à ces lois.

Il n'y a pas lieu, à raison de la concession d'une mine, à agir par expropriation contre le propriétaire de la surface, ni par conséquent à indemnité préalable à son égard....

Toute exploitation de la mine, avant d'en avoir obtenu la concession, est spécialement prohibée sur son terrain au propriétaire de la surface, et n'est, de sa part, qu'un acte punissable de peines correctionnelles.

Il résulte clairement de toutes ces dispositions de la loi de 1810 que la propriété de la surface ne confère, par elle-même, aucun droit privatif et direct sur les mines, et, par suite, sur les substances qui les composent. (C. C. 7 août 1839.)

— Il est de principe qu'une concession ne s'applique pas seulement aux couches minérales découvertes par l'explorateur, mais qu'elle comprend tous les gîtes de même nature compris dans le périmètre de la concession, quelle que soit la forme sous laquelle ces gîtes se présentent. (D. C. 22 août 1853, cité aussi aux articles 3 et 43.)

— Une circulaire du 8 octobre 1843 a pour annexes un modèle d'ordonnance et un modèle de cahier des charges, qui font connaître les clauses générales et spéciales concernant les concessions de mines, et auxquels de fréquents renvois seront nécessairement faits.

[2] Voir les articles 42 de la loi et 9 du modèle d'ordonnance de concession de mines, annexé à la circulaire du 8 octobre 1843.

Il est curieux, en raison de la date du document, de rapprocher de l'article 6 de la loi du 21 avril 1810 une

Art. 7. Il donne la propriété perpétuelle de la mine, laquelle est dès lors disponible et transmissible comme tous autres biens, et dont on ne peut être exproprié que dans les cas et selon les formes prescrits pour les autres propriétés, conformément au code Napoléon et au code de procédure civile[1].

proposition du conseil des mines, approuvée par le ministre de l'intérieur, le 27 juillet suivant, — où la rétribution envers les propriétaires des terrains est représentée comme *une légère rente foncière, par hectare, sur toute l'étendue de la concession.*

— La redevance tréfoncière fixée par le décret de concession est pour les parties intéressées un acte incommutable.

— Il suit de cet article 6 qu'on ne saurait admettre, surtout en présence des cas d'indemnités prévus par les articles subséquents, que la redevance attribuée au propriétaire de la superficie ait eu pour objet d'affranchir le concessionnaire de toutes les conséquences de l'exploitation. (C. C. 4 janvier 1841, cité aussi au titre V.)

— C'est à tort qu'il est prétendu que tout dommage causé à la propriété de la superficie serait, à l'avance, prévu et réparé par la fixation de la redevance réglée, au profit du propriétaire du sol, lors de la concession de la mine.

En effet, cette redevance n'est pas une indemnité fixée, à l'avance, pour un dommage inconnu, impossible à apprécier, qui, peut-être, ne se manifestera pas ou qui ne se manifestera que plus tard; mais bien le prix de l'expropriation partielle subie par le propriétaire du sol : cette limitation de la redevance, considérée uniquement comme prix de l'aliénation du tréfonds, résulte clairement de l'article 6 comparé avec les articles 10, 15, 43 et 45. (C. C. 3 février 1857, cité aussi au titre V.)

— La propriété d'une mine est, sans doute, la propriété du concessionnaire; mais c'est une propriété modifiée par sa relation immédiate avec la surface, dont la propriété a elle-même reçu une modification grave par la concession de la mine.

Loin de déroger aux conséquences qui résultent de la nature des choses et des principes généraux du droit, la loi de 1810 a littéralement consacré le principe d'indemnité en faveur du propriétaire du sol, pour tous les préjudices que lui cause l'exploitation d'une mine. Ce principe ressort du texte, de l'esprit et de l'ensemble de la loi, notamment de la combinaison de l'article 6 avec les articles 10, 11, 15, 43 et 45. (C. C. 20 juillet 1842, cité aussi au titre V.)

[1] Voir l'article 51 de la loi.

— Dès le 21 août 1810, le conseil d'état, considérant que l'article 7, après avoir déclaré que les mines sont des propriétés disponibles et transmis-

Toutefois une mine ne peut être vendue par lots ou parta-

sibles comme toute autre propriété, n'a exigé l'autorisation préalable du gouvernement pour leur aliénation, que dans le cas où la mine serait vendue par lots ou partagée, émettait l'avis (approuvé par décret impérial du 28 du même mois) qu'il n'y avait pas lieu à délibérer sur une proposition du ministre de l'intérieur tendant à faire autoriser la cession d'une mine, et que, par conséquent, un concessionnaire peut disposer de la mine à lui concédée sans l'autorisation du gouvernement.

— L'abrogation, pour les mines, de l'arrêté du directoire exécutif du 3 nivôse an VI, a été ainsi mise hors de doute. L'article 7 de la loi de 1810 a seulement maintenu, pour la vente par lots ou le partage d'une mine, la prohibition générale résultant de cet arrêté. L'instruction ministérielle du 3 août 1810 n'a donc (SS 2 *Généralités* et 3 de la section A) émis, à l'égard des mutations, qu'un vœu stérile; elle fait ainsi ressortir la contradiction regrettable qui existe entre le premier alinéa de l'article 7 et l'article 14. Voir la circulaire du 16 mai 1842.

Antérieurement à la loi du 16 juin 1851, les concessions de mines en Algérie renfermaient un article aux termes duquel il était « interdit au concessionnaire de transporter, céder, vendre ou transmettre, d'une manière quelconque, la propriété de la concession à une autre personne ou à une

compagnie, sans l'autorisation du gouvernement. » Cette révivification de l'arrêté de l'an VI a nécessairement été abrogée par la loi précitée.

— Voir, au sujet de la seule obligation imposée en cas de transfert d'une concession, l'ordonnance du 18 avril 1842, la circulaire du 16 mai suivant, et l'article J du modèle d'ordonnance de concession de mines, annexé à la circulaire du 8 octobre 1843.

— Il a été dérogé, à deux reprises différentes, aux principes consacrés par le premier alinéa de l'article 7 de la loi sur la propriété souterraine.

1° La loi du 27 avril 1838 a permis la déchéance d'un concessionnaire, qui était du reste contenue en germe dans les articles 49 de la loi du 21 avril 1810 et 31 du décret du 18 novembre suivant. — Voir, au sujet du retrait d'une concession, cette loi de 1838 et la circulaire du 29 décembre de la même année.

Un arrêté ministériel, du 17 novembre 1846, a notamment prononcé, dans les formes légales, la déchéance d'un concessionnaire qui avait laissé ses mines inexploitées depuis longues années, — par cette considération,

« Qu'il est du devoir de l'administration de prendre les mesures nécessaires pour que ces mines puissent être remises en valeur, leur inexploitation étant de nature à compromettre les besoins actuels des consommateurs ;

« Qu'il y a lieu dès lors de recourir

géc sans une autorisation préalable du gouvernement, donnée dans les mêmes formes que la concession [1].

aux dispositions prescrites par la loi de 1838. »

On pourrait encore citer, comme exemples, quatre arrêtés du ministre de la guerre, l'un du 28 mars 1851 et les trois autres du 14 septembre 1849, pris dans des circonstances semblables.

Un procès-verbal d'adjudication, du 30 octobre 1851, constate que le retrait prononcé par la première de ces décisions a été définitif; mais les trois autres ont été annulées par trois décrets au contentieux du 28 juillet 1852, pour des considérations de fait.

2° Le décret du 23 octobre 1852 a interdit toute réunion de concessions de mines de même nature sans l'autorisation du gouvernement. — Voir l'article 31 de la loi et la note qui l'accompagne.

— Voir, pour tout ce qui concerne les conditions particulières de la propriété des mines, les SS 2 *Généralités* et 3, 4, 10, 11 de la section A de l'instruction ministérielle du 3 août 1810.

Voir notamment, au sujet du partage d'une concession, le S 3 précité et la circulaire du 9 décembre 1838.

— La division d'une concession, qui n'offre pas une assez grande étendue pour qu'elle puisse devenir l'objet de deux concessions distinctes, est contraire au bon aménagement des gîtes; en détruisant l'ensemble qu'il importe de maintenir dans l'exploitation; elle compromet la sûreté des hommes et des choses. (O. 21 août 1825.)

— Voir, au sujet de l'abandon complet d'une concession, les articles 16, 17 et 18 du titre Ier de la loi du 28 juillet 1791, rappelés au S 4 précité; 37 du décret du 18 novembre 1810, 8 du décret du 3 janvier 1813 et les circulaires des 30 novembre 1834, 15 novembre 1848 et 1er décembre 1853; les articles L et K des première et seconde annexes de la circulaire du 8 octobre 1843.

Tant que des concessionnaires n'ont pas renoncé à leur concession et qu'il n'a point été statué sur leur renonciation; ils demeurent tenus de remplir toutes les obligations qui leur ont été imposées. Chacun des titulaires dénommés dans l'ordonnance qui a institué la concession reste solidairement responsable des clauses et charges qu'elle a prescrites.

— On ne peut modifier une concession, en augmenter ou en restreindre l'étendue; on ne peut réunir plusieurs concessions en une seule, qu'en remplissant toutes les formalités exigées pour l'institution des concessions elles-mêmes, c'est-à-dire en se conformant au titre IV, section 1re, de la loi.

Si les possesseurs actuels ne sont pas les titulaires primitifs, il est indispensable qu'ils fournissent la preuve authentique qu'ils sont aux droits de ces titulaires, par vente, succession, donation ou autrement.

[1] Voir l'article 7 de la loi du 27 avril

Art. 8. Les mines sont immeubles.

Sont aussi immeubles les bâtiments, machines, puits, galeries, et autres travaux établis à demeure, conformément à l'article 524 du code Napoléon.

Sont aussi immeubles, par destination, les chevaux, agrès, outils et ustensiles servant à l'exploitation.

Ne sont considérés comme chevaux attachés à l'exploitation

1838 et la circulaire du 29 décembre suivant.

— L'amodiation ou le louage d'une mine concédée, s'appliquant à des choses fongibles et qui se consomment par l'usage, à des substances qui ne peuvent se reproduire, constitue une aliénation et, par conséquent, une aliénation partielle, lorsque le louage ou l'amodiation ne porte point sur la totalité de la concession.

Le but de l'article 7 a été d'empêcher la division d'exploitation, division qui résulterait de baux partiels; l'intérêt général du bon aménagement des gîtes et de la conservation des richesses minérales exige que la loi, dont l'objet est de prévenir le morcellement si préjudiciable des exploitations, ne puisse pas être éludée par des amodiations partielles, lesquelles produiraient les mêmes effets que la vente par lots ou le partage proprement dit.

Le droit de l'administration de faire cesser la division d'exploitation, résultant d'un partage ou d'une amodiation, n'exclut pas celui de chacun des concessionnaires de se refuser à l'exécution d'actes et de conventions

contraires à la disposition d'ordre public de l'article 7 de la loi de 1810, et de faire prononcer la nullité desdits actes et conventions; l'exercice de ce droit, par les concessionnaires, leur offre le moyen d'éviter l'interdiction ou la suspension d'exploitation dont l'administration serait armée contre eux, s'ils respectaient des engagements de nature à compromettre l'unité d'exploitation. (C. C. 4 juin 1844, cité aussi à l'article 10.)

— La disposition de l'article 7 a encore pour but de faciliter et simplifier la surveillance administrative, et d'empêcher le déplacement et la division de la responsabilité.....

La cession du droit d'exploiter une partie de mine concédée n'est autre chose qu'une vente partielle ou un partage de mine, vente ou partage que la loi frappe de nullité. (C. C. 26 novembre 1845.)

Si l'article 7 de la loi de 1810 contient une disposition d'ordre public, de laquelle résulte la nullité des conventions entre les copropriétaires d'une mine, en tant qu'elles stipuleraient une vente ou un partage partiel de la concession commune, sans l'autorisation

que ceux qui sont exclusivement attachés aux travaux intérieurs des mines.

Néanmoins les actions ou intérêts dans une société ou entreprise pour l'exploitation des mines seront réputés meubles,
conformément à l'article 529 du code Napoléon.

Art. 9. Sont meubles les matières extraites, les approvisionnements et autres objets mobiliers.

du gouvernement, il ne s'ensuit pas que ces conventions soient sans effet entre les parties, quant à la détermination des intérêts civils plus ou moins inégaux qui pourraient être la conséquence des apports différents de chacun desdits copropriétaires. (C. C. 19 février 1850 et 18 avril 1853).

— L'article 7, en prohibant le partage des concessions de mines, n'a eu d'autre objet que d'assurer, dans un intérêt public, la bonne exploitation et la conservation des richesses métalliques qu'elles renferment, et que le fractionnement non autorisé de l'exploitation eût pu compromettre. Mais il n'a aucunement mis obstacle à ce que les intéressés dans la concession pussent régler, par des conventions particulières, la proportion dans laquelle ils entendent avoir droit, soit à la propriété de la concession, soit aux produits de l'exploitation collective.

Par suite, il appartient aux tribunaux, alors qu'ils prononcent, en vertu dudit article 7, la nullité d'un ou de plusieurs actes intervenus sur le partage matériel d'une concession, de

rechercher si, dans les mêmes actes, il existe, indépendamment de cette convention de fractionnement matériel, une autre convention expresse ou implicite, ayant pour but de fixer les droits des intéressés, soit quant à la propriété, soit quant aux produits de la mine, dans une proportion qui ne serait point indiquée dans l'acte administratif de la concession, et d'ordonner l'exécution de cette convention particulière, à la validité de laquelle ne saurait porter atteinte la nullité d'intérêt public qui s'attache à la convention sur le partage matériel. (C. C. 10 avril 1854.)

— On sait que, dans une première phase de sa jurisprudence, la cour régulatrice avait admis la légitimité des amodiations. En présence de sa renonciation définitive à une manière de voir si peu conforme à la nature essentielle de la propriété souterraine, il suffit de rappeler, à un point de vue purement historique, les deux arrêts des 4 juillet 1833 et 20 décembre 1837, rendus en sens contraire de l'arrêt si fortement motivé du 4 juin 1844.

TITRE III.

DES ACTES QUI PRÉCÈDENT LA DEMANDE EN CONCESSION DE MINES.

SECTION Ire.

DE LA RECHERCHE ET DE LA DÉCOUVERTE DES MINES [1]

Art. 10. Nul ne peut faire des recherches pour décou-

[1] Voir le S 1er de la section A de l'instruction ministérielle du 3 août 1810, et la circulaire du 31 octobre 1837.

— A défaut de documents généraux sur l'importante question des recherches de mines, il est possible cependant d'indiquer, au moyen de décisions particulières, les principes essentiels de l'intervention de l'administration des mines en cette matière.

— Le cas du propriétaire explorant son propre terrain, ou cédant son droit à un tiers, ne donne lieu, comme on sait, à aucune formalité de demande; mais il est utile à tous égards que le préfet du département soit prévenu.

— L'administration intervient lorsqu'il s'agit de recherches à faire dans des terrains appartenant à l'état, à des communes ou à un établissement public; mais c'est uniquement pour les assister dans l'exercice d'une faculté qu'ils ont, d'ailleurs, comme un particulier. Elle vient garantir les in-

térêts engagés, examiner si les conditions du traité qui confère à un tiers le droit d'exploration sont convenables, sous le rapport de la conduite des travaux et de la sûreté publique.

— Il y a lieu de remarquer ici que la même marche doit être suivie, quelle que soit la nature du gîte minéral à explorer; seulement, quand il s'agit de substances non concessibles, elles restent la propriété de l'état, de la commune ou de l'établissement public, qui peut traiter avec un tiers pour leur extraction.

— Lorsque les terrains où doivent être faites les recherches de mines sont plantés en bois, l'administration des forêts doit être entendue, soit comme représentant le propriétaire du sol, si le terrain est domanial, soit comme venant aussi éclairer de ses conseils l'administration de la commune ou de l'établissement public. Il importe évidemment, avant de permettre des

vrir des mines, enfoncer des sondes ou tarières sur un ter-

explorations qui ne doivent être que passagères et pourraient bouleverser le terrain sans utilité, que les agents forestiers indiquent si elles ne portent pas trop de dommage au sol, et quelles seront les conditions à imposer pour sa conservation ; qu'ils constatent l'état du terrain pour le règlement des indemnités.

— Dans tous les cas, c'est toujours au préfet que doit être adressée la demande en autorisation d'entreprendre ces explorations, et les périmètres y doivent être indiqués avec précision. Ce magistrat procède à l'instruction locale, dans laquelle, suivant la nature de la propriété, il consulte le directeur des domaines ou recueille la délibération du conseil municipal ; il prend au besoin l'avis des agents forestiers, et entend toujours les ingénieurs des mines.

Dans la plupart des cas, le préfet transmettra avec son opinion le dossier au ministre des travaux publics, qui, après l'avoir communiqué au ministre des finances, statuera, en prenant l'avis du conseil général des mines.

En effet, lorsqu'il s'agit d'un terrain boisé, il y a certainement lieu, en raison de l'analogie évidente des circonstances, d'appliquer ici les règles que trace le § 5 de la section A de l'instruction ministérielle du 3 août 1810, relatif à l'exécution de l'article 67 de la loi du 21 avril précédent, quant

à la délivrance des permissions d'exploiter du minerai de fer dans les forêts impériales, dans celles des établissements publics ou des communes.

Quand le terrain n'est pas boisé, il semble qu'il y ait lieu de distinguer. Si ce terrain appartient à l'état, l'intervention nécessaire du ministre des finances exige que, cette fois encore, le ministre des travaux publics statue ; mais il ne paraît plus devoir en être de même dans le cas où le terrain est la propriété d'une commune. La compétence du préfet, tuteur naturel de la commune, pour régler, sur l'avis du conseil municipal, l'exercice de sa faculté de propriétaire, est implicitement écrite dans la loi du 18 juillet 1837, sur l'administration municipale. L'article 19 (3°) de cette loi rangeant parmi les objets sur lesquels peuvent délibérer les conseils municipaux, sous l'approbation préfectorale, *les acquisitions, aliénations et échanges des propriétés communales*, le principe est sûrement applicable à des explorations minérales, surtout si l'on tient compte de l'esprit du décret du 25 mars 1852, sur la décentralisation administrative.

La même solution résulte également des mêmes considérations, pour le cas où le terrain à explorer appartiendrait à un établissement public ; elle se trouve non moins implicitement écrite dans l'ordonnance du 6 juillet 1846, relative aux établissements de charité et de bienfaisance.

rain qui ne lui appartient pas, que du consentement du pro-

— Ce n'est que lorsque le proprié-taire d'un terrain refuse son consente-ment, ou le subordonne à des condi-tions inadmissibles, que le gouverne-ment peut, en vertu de l'article 10 de la loi de 1810, intervenir pour conférer à un tiers le droit d'entreprendre des recherches sur ce fonds, s'il est en même temps reconnu qu'il y a néces-sité, au point de vue de l'intérêt public, à ce que les travaux soient opérés. On conçoit qu'il ne faille user que dans des circonstances graves du droit ainsi at-tribué au gouvernement; mais le droit existe, et de fréquentes décisions le constatent dans toute son étendue.

La demande doit toujours être adres-sée au préfet; elle doit fournir la preuve que le propriétaire a été ré-gulièrement appelé à s'expliquer et a reçu l'offre d'une indemnité.

— Des permissions peuvent être simultanément accordées dans un même terrain à plusieurs explora-teurs, s'il offre un périmètre suffi-sant.

« Les portions de terrain dans les-quelles chacun devra circonscrire ses recherches seront déterminées par le préfet, sur le rapport des ingénieurs des mines, après un examen circons-tancié des lieux. Le rapport indiquera les diverses circonstances relatives au gisement du minerai dans le sein de la terre; il sera accompagné d'un plan, sur lequel sera tracée la délimitation de chacune des portions dans laquelle

chacun sera tenu de se renfermer. » (O. 28 novembre 1837.)

— La permission rappelle, suivant l'usage administratif, les principales obligations auxquelles se trouve sou-mis l'impétrant. L'inexécution des conditions prescrites entraîne la révo-cation de la permission, sans préju-dice de l'application, s'il y a lieu, des articles 93 et suivants de la loi de 1810. Il est rappelé que cette permission ne préjuge rien sur le choix qui pourra ultérieurement être fait d'un conces-sionnaire pour les mines que les tra-vaux en question auraient fait décou-vrir, et qu'elle cesserait de plein droit si, avant qu'elle fût expirée, une con-cession était accordée sur les terrains dont il s'agit. La durée des permissions de ce genre est généralement fixée à deux ans, sauf prorogation, s'il y a lieu.

— En ce qui concerne les produits des recherches, il est de règle qu'on ne peut en disposer ou les vendre sans une autorisation donnée par une dé-cision spéciale du ministre. Cette fa-culté est accordée uniquement dans quelque intérêt public : par exemple, pour éviter que les substances ame-nées au jour par les fouilles ne se dé-tériorent en pure perte, en restant exposées à l'action de l'air, sur le car-reau de la mine ou sous des haldes, ou pour permettre quelques essais miné-ralurgiques de ces substances. Ces permissions sont d'ailleurs un moyen

priétaire de la surface, ou avec l'autorisation du gouverne-

d'encourager les explorateurs, qui trouvent dans la vente des produits un dédommagement de leurs dépenses; la durée en est généralement fixée à une année, sauf prorogation, s'il y a lieu.

— Un principe, qui n'a souffert d'exception que par la disposition, essentiellement transitoire, insérée dans l'article 30 du décret de 1811, c'est que les redevances à payer à l'état ne concernent que les gites concédés.

Des travaux de recherche ne constituent pas une exploitation, et ils ne prennent pas ce caractère, parcequ'on autorise à vendre quelques quantités de la matière minérale qu'ils fournissent. Ces produits ne sont pas passibles de la redevance proportionnelle.

— Lorsqu'il s'agit de travaux exécutés, par autorisation du gouvernement, sur le terrain d'un propriétaire qui a refusé son consentement, il appartient à l'administration de déterminer, dans la permission de vente, la fraction des produits qui doit être attribuée par l'explorateur au propriétaire du sol. On citera, comme exemple, la clause suivante, exceptionnellement mise dans une autorisation de travaux de recherche et de reconnaissance accordée malgré le refus de propriétaires du sol :

« A défaut de conventions amiables entre les permissionnaires et les propriétaires du sol, les permissionnaires payeront, aux propriétaires des terrains dans lesquels les recherches et travaux de reconnaissance seront poursuivis, une redevance en nature ou en argent pour le droit afférent à ces propriétaires sur les produits qui seraient obtenus des fouilles. Cette redevance sera égale au vingtième du produit brut, quelles que soient l'épaisseur du gite houiller et la profondeur des travaux. Elle sera payée, au fur et à mesure de l'extraction aux propriétaires des terrains fouillés, et tant que l'exploration aura lieu sur leurs fonds. » (O. 19 septembre 1840.)

Il importe toutefois de remarquer que le premier membre de phrase de cette clause serait aujourd'hui en contradiction avec la jurisprudence rationnelle qui n'admet pas les conventions entre le propriétaire du sol et le demandeur en concession (voir la note qui accompagne l'article 42).

— La surveillance administrative, dans l'intérêt de la sûreté publique, s'étend sur les recherches entreprises par un explorateur, aussi bien que sur l'exploitation faite par un concessionnaire dans le périmètre qui lui est concédé. Le titre V de la loi de 1810, les décrets de 1810 et 1813, s'appliquent à tous les travaux de mines. L'administration a donc tout pouvoir pour prescrire, dans l'exécution des recherches, les mesures qu'exigent la conservation de la surface et celle des ouvriers, pour interdire les travaux qui seraient conduits d'une manière dangereuse, pour obliger l'explorateur à prendre toutes

ment[1], donnée après avoir consulté l'administration des mines, à la charge d'une préalable indemnité envers le propriétaire et après qu'il aura été entendu [2].

les précautions nécessaires. En outre, comme il lui est défendu d'établir une exploitation, il faut s'assurer que cette défense n'est pas enfreinte; s'il arrivait que, sous prétexte d'explorer un gîte, il fit une véritable exploitation, elle devrait être immédiatement interdite, conformément à l'article 8 de la loi de 1838. A cet égard, une clause expresse est toujours insérée, depuis cette époque, dans les permissions de recherches dont il vient d'être parlé.

— On n'a point entendu prescrire d'une manière absolue tel ou tel système de travaux pour les explorations. L'administration a la faculté d'admettre ceux qui lui paraissent de nature à fournir la preuve que la substance minérale dont on a fait la découverte se trouve dans de telles conditions de gisement qu'elle peut être utilement exploitée.

Bien que des travaux de recherche consistant en ouvertures de puits ou de galeries soient plus propres que des sondages à conduire au but qu'on se propose, ceux-ci peuvent néanmoins procurer des documents suffisants, lorsqu'ils sont exécutés sur un diamètre convenable, en assez grand nombre, et de manière à prévenir tout éboulement des parties de terrains traversés.

Voir l'article 1er de l'ordonnance du 7 mars 1841, sur le sel.

— Voir enfin, au sujet des sources d'eaux minérales, dans la loi du 14 juillet 1856, au titre III du règlement d'administration publique du 8 septembre suivant et dans la circulaire du 22 du même mois, les mesures relatives au périmètre de protection qui peut être assigné à une source déclarée d'intérêt public.

[1] Dans le langage administratif, ce mot désigne le chef de l'état, et c'est en effet par lui que les permissions de recherche des mines, à défaut du consentement du propriétaire de la surface, sont toujours données; l'indication du *ministre,* dans le § 1er de la section A de l'instruction du 3 août 1810, est visiblement erronée. Le premier acte de ce genre est une ordonnance royale du 19 août 1832. Dans le silence de la loi, une telle autorisation n'est point délibérée en conseil d'état.

[2] L'occupation des terrains, pour les travaux de recherche autorisés dans les circonstances prévues par l'article 10, est nécessairement une application des règles suivies pour l'occupation, par un concessionnaire, de terrains situés dans le périmètre de sa concession.

— Aux termes de la section B de l'instruction ministérielle du 3 août 1810, il appartient à l'autorité judiciaire de régler les indemnités qui peuvent être

Arr. 11. Nulle permission de recherches ni concession de mines ne pourra, sans le consentement formel du propriétaire

dues en exécution des articles 10, 43 et 44 de la loi.

Un arrêté ministériel, du 7 octobre 1837 (voir les motifs de cette décision dans la circulaire du 5 novembre suivant), rapportant à tort une attribution aussi nette de juridiction, a donné lieu à une courte période, qui ne pouvait évidemment être passée ici sous silence, où cette question d'indemnités a été regardée comme étant exclusivement de la compétence administrative. Depuis cette époque jusqu'à l'ordonnance au contentieux du 18 février 1846, rappelée dans la note qui accompagne l'article 43 de la loi, le règlement de l'indemnité pour non-jouissance ou dégâts de la surface était attribué aux conseils de préfecture.

La première permission de recherche (19 décembre 1848) délivrée après ce jugement souverain a stipulé qu'à défaut d'accord entre les parties, l'indemnité dont il s'agit serait réglée par les tribunaux; cette disposition se trouve maintenant dans toutes les permissions de ce genre.

— Il n'est pas dû au propriétaire du sol, indépendamment de cette indemnité, une indemnité spéciale pour *droit de recherche.* La loi de 1810 assure à ce propriétaire un dédommagement convenable, par ses articles 43 et 44. En outre, lorsqu'on autorise l'explorateur à disposer des produits de ses recherches, une redevance est allouée au propriétaire du sol sur ces produits, — ainsi que cela a lieu pour les concessions de mines, conformément aux articles 6 et 42.

— Aux termes de la loi de 1810 (articles 5 et 6), il n'appartient qu'au gouvernement de concéder l'exploitation des mines et, par conséquent, de régler les droits des propriétaires de la surface sur les produits de l'exploitation, quand bien même lesdits produits seraient le résultat de recherches antérieures à la concession et qui n'auraient point été autorisées.

Des travaux de recherche faits sur le fonds d'un tiers, sans son consentement et sans l'autorisation du gouvernement, ou avant cette autorisation, constituent une voie de fait, et l'autorité judiciaire est seule compétente pour connaître des dommages-intérêts auxquels ces travaux peuvent donner lieu. (O. C. 16 avril 1841, 9 juin 1842, 23 novembre 1849.)

Il importe de rapprocher de cette jurisprudence nettement persistante du conseil d'état l'arrêt suivant de la cour de cassation, qui est dans un sens diamétralement opposé :

« Les mines ne forment une propriété distincte par elles-mêmes que lorsqu'elles sont séparées du sol, ce qui ne peut s'opérer que par la concession qu'en fait le gouvernement; alors le dessous du sol et le dessus

de la surface [1], donner le droit de faire des sondes et d'ouvrir des puits ou galeries, ni celui d'établir des machines ou magasins dans les enclos murés, cours ou jardins, ni dans les ter-

forment deux propriétés différentes : la *mine*, qui appartient exclusivement au concessionnaire, et le *sol* supérieur, qui, ne .enant plus à la mine, peut appartenir à tout autre.

« Jusqu'à ce que l'acte du gouvernement qui opère cette division soit intervenu, les choses restent soumises au droit commun, suivant lequel (article 552 du code civil) la propriété du sol emporte la propriété du dessus et du dessous; d'où il suit que celui qui a dans son fonds des matières minérales, non détachées du sol par une concession régulière, ne peut en être dépossédé par un fait illégal, sans avoir droit à une indemnité » (C. C. 1er février 1841), — à régler par l'autorité judiciaire.

Le silence calculé du législateur de 1810, à l'égard d'une définition de la propriété souterraine, permet une divergence en pareille matière; mais il n'est pas douteux que le conseil d'état ne suive mieux les intentions de ce législateur que la cour de cassation, dont la jurisprudence se trouverait ainsi complétement en désaccord avec l'arrêt du 7 août 1839, — cité à l'article 5. Toutefois la cour a dit, le 4 juin 1844 (voir la note qui accompagne le second alinéa de l'article 7) :

« Aux termes de l'article 552 du code civil, la propriété du sol n'em-

porte la propriété du dessous que sauf les modifications résultant des lois et règlements relatifs aux mines. »

— Voir l'article 19 de l'ordonnance du 7 mars 1841, sur le sol.

[1] Voir les §§ 1er et 11 de la section A de l'instruction ministérielle du 3 août 1810.

L'article 11 de la loi de 1810 ne s'applique évidemment qu'aux mines, — bien que le contraire se lise dans le second de ces paragraphes.

— Les oppositions formées par des particuliers aux travaux des concessionnaires de mines, en vertu de l'article 11, doivent être portées devant l'autorité judiciaire, d'après les règles générales de la matière et conformément à l'article 15. (O. C. 18 février 1846, citée aussi à l'article 43.) — Voir, en outre, l'article 15.

On sait que, sur la question si controversée de l'interprétation à donner à l'article 11, la jurisprudence de la cour de cassation n'a jamais varié. Il suffira de reproduire, comme les plus complets et les plus récents, les deux arrêts suivants, relatifs à la même affaire, et dont le second a, par conséquent, été rendu, aux termes de l'article 1er de la loi du 1er avril 1837, toutes chambres réunies (les arrêts dont il n'a point été fait d'extrait sont au nombre de deux et portent

·rains attenauts aux habitations ou clôtures murées, dans la distance de cent mètres desdites clôtures ou des habitations.

Art. 12. Le propriétaire pourra faire des recherches, sans

les dates des 21 avril 1823 et 23 janvier 1827.

— La prohibition de l'article 11 est absolue et ne comporte d'exception que celle admise, par l'article 12, en faveur du propriétaire.

L'article 11 ne fait point de distinction entre le cas où les terrains attenants aux habitations ou clôtures murées appartiendraient au propriétaire desdites habitations ou clôtures, et celui où ces terrains appartiendraient à un tiers.

La loi a voulu, par cette disposition, que non-seulement la sûreté, mais encore la tranquillité et les jouissances des propriétaires fussent respectées; et elles ne le seraient pas, si le concessionnaire d'une mine pouvait établir ses travaux d'exploitation à moins de 100 mètres, et jusqu'au pied de la clôture ou de l'habitation même du propriétaire voisin.

Le mot *attenant* n'emporte pas, dans l'esprit de la loi de 1810, l'idée de propriété ni de dépendance immédiate de l'habitation ou clôture murée, mais seulement l'idée de voisinage. Il est indifférent, dès lors, qu'une propriété bâtie soit séparée par un chemin public de la propriété exploitée, puisque cette circonstance, loin de diminuer les inconvénients du voisinage, peut, en facilitant l'exploitation de la

mine, aggraver le trouble dont la loi a voulu garantir le propriétaire de l'habitation. (C. C. 28 juillet 1852.)

Cette extension (*aux terrains attenants, de l'interdiction portée, par l'article 11, en faveur des lieux qu'il spécifie, à raison de l'usage auquel ils sont destinés*), fondée sur le respect dû à la paix et à la liberté du domicile, que la loi a eu pour but de protéger, n'admet aucune distinction tirée soit de l'usage ou de la destination des terrains compris dans le rayon interdit, soit de leurs rapports avec ceux qui les possèdent.

La distance des terrains aux habitations ou clôtures murées est la seule base, comme la seule mesure, de l'interdiction.

Le propriétaire des terrains compris dans la distance de 100 mètres, qui n'est pas en même temps propriétaire de l'habitation ou de la clôture murée, n'a pas plus d'intérêt à s'opposer à l'ouverture d'un puits d'exploitation sur ces terrains que s'ils étaient situés à une grande distance, et soumis, par suite, à la charge de l'occupation.

Ce n'est donc pas à la condition absolue du consentement formel de ce propriétaire que l'article 11 a dû subordonner le droit de faire les travaux mentionnés audit article.

Au contraire, le propriétaire de la

formalité préalable, dans les lieux réservés par le précédent article, comme dans les autres parties de sa propriété; mais il sera obligé d'obtenir une concession avant d'y établir une exploitation. Dans aucun cas, les recherches ne pourront être autorisées dans un terrain déjà concédé[1].

surface où sont établis l'habitation ou les clôtures murées, qu'il soit ou non propriétaire des terrains attenants, a un intérêt toujours égal à l'éloignement de ces travaux et des inconvénients qu'ils entraînent.

Son consentement a donc dû être également requis dans l'un et l'autre cas.

L'article 11 n'est ainsi que l'exécution de l'article 552 du code Napoléon, une application des principes posés par les articles 544, 539 et une extension de l'article 674 du même code. (C. C. 19 mai 1856, cité encore à l'article suivant.)

L'article 23 du titre Ier de la loi de 1791, — dont l'esprit, évidemment emprunté à la législation antérieure (voir notamment les édits de septembre 1471 et septembre 1739), est le même que celui de l'article 11 de la loi de 1810, — était rédigé de telle sorte qu'il n'était pas douteux que le consentement du propriétaire du fonds fût seul exigé. Tous les arguments qui peuvent être présentés en faveur du système opposé à celui de la jurisprudence constante de la cour de cassation ont été résumés dans un intéressant article que M. Bayon, vice-président du tribunal de première ins-

tance de Saint-Étienne, a publié, en 1850, dans le Bulletin de la société industrielle et agricole de cette ville, et réimprimé postérieurement avec des additions. Il convient d'ajouter qu'en Belgique, où notre législation minérale n'a pas cessé d'être en vigueur, à quelques modifications près, un arrêté du roi des Pays-Bas a lès le 14 mars 1826, interprété l'article 11 dans le même sens que les adversaires de notre cour régulatrice.

— L'article 11 ne fait aucune distinction entre les travaux de recherche ou de sondage qui auraient lieu avec le consentement d'un propriétaire de la surface et ceux qui seraient entrepris en vertu d'une autorisation du gouvernement. (C. C. 1er août 1843.)

[1] Voir le § 11 de la section A de l'instruction ministérielle du 3 août 1810.

— L'article 12 de la loi de 1810 n'a évidemment entendu prohiber que les recherches des tiers qui auraient pour but des gîtes de même nature que ceux qui ont fait l'objet de la concession.

Les dispositions des articles C et T[1], T[2], V, Z des première et seconde annexes de la circulaire du 8 octobre 1843 s'appliquent non-seulement aux exploitation de substances différentes, mais encore évidemment aux travaux qui ont pour objet la recherche de ces substances. En effet, on conçoit que celui qui entreprend de telles exploitations est soumis à l'obligation de ne pas porter dommage au concessionnaire, et que, s'il résulte de ses travaux quelque préjudice inévitable pour celui-ci, il doit lui payer une indemnité ; que le concessionnaire peut se pourvoir devant l'autorité, pour qu'elle examine et décide si les ouvrages que l'on veut opérer sont nécessaires ou utiles, pour qu'elle en fixe les conditions ; qu'en un mot, il y a lieu de procéder à l'égard de ces recherches comme à l'égard des exploitations elles-mêmes.

— Voir ci-après la seconde des notes qui accompagnent l'article 29 de la loi et le second alinéa de la première de celles qui accompagnent l'article 34.

— Si l'article 12, dans sa première partie, dispense expressément le propriétaire de l'habitation ou de la clôture murée de la formalité préalable aux recherches (prescrite par l'article 10), cette disposition, qui doit recevoir son application dans toutes les parties de terrain appartenant à ce même propriétaire, est suivie de dispositions restrictives, à son égard, du droit d'exploitation et du droit de recherche ; mais toutes sont étrangères, par leur objet, au principe même de protection spéciale consacré, par l'article 11, en faveur des habitations ou clôtures murées, et dont l'article 12 n'a nullement entendu restreindre la portée. (C. C. 19 mai 1856, cité déjà à l'article précédent.)

SECTION II.

DE LA PRÉFÉRENCE À ACCORDER POUR LES CONCESSIONS.

ART. 13. Tout Français, ou tout étranger naturalisé ou non en France, agissant isolément ou en société, a le droit de demander et peut obtenir, s'il y a lieu, une concession de mines [1].

ART. 14. L'individu ou la société doit justifier des facultés nécessaires pour entreprendre et conduire les travaux, et des moyens de satisfaire aux redevances, indemnités, qui lui seront imposées par l'acte de concession [2].

ART. 15. Il doit aussi, le cas arrivant de travaux à faire sous des maisons ou lieux d'habitation, sous d'autres exploitations ou dans leur voisinage immédiat, donner caution de payer toute indemnité, en cas d'accident : les demandes ou opposi-

---

[1] Une commune peut être concessionnaire de mines. (O. 31 mai 1833.)

Il en est évidemment de même de l'état; si un doute avait pu exister à cet égard, il aurait été levé par la loi du 6 avril 1825, relative aux salines de l'Est.

— Une compagnie concessionnaire de mines, qui n'est pas constituée en société anonyme, ne peut être considérée comme un établissement public légalement autorisé, dans le sens de la loi du 20 février 1849, dès

lors, elle n'est pas imposable à la taxe établie, par ladite loi, sur les biens de mainmorte. (A. C. 7 juin 1851; D. C. 14 juin 1852.)

[2] Aux termes du § 2 de la section A de l'instruction ministérielle du 3 août 1810, c'est par un acte de notoriété que les membres d'une société justifient de leurs facultés pécuniaires. La production des extraits de rôles des impositions n'est admise que dans le cas de sociétés prouvant qu'elles sont constituées en nom collectif.

tions des intéressés seront, en ce cas, portées devant nos tribunaux et cours [1].

Art. 16. Le gouvernement juge des motifs ou considérations
d'après lesquels la préférence doit être accordée aux divers demandeurs en concession, qu'ils soient propriétaires de la surface, inventeurs ou autres [2].

En cas que l'inventeur n'obtienne pas la concession d'une
mine, il aura droit à une indemnité de la part du concessionnaire; elle sera réglée par l'acte de concession [3].

Art. 17. L'acte de concession, fait après l'accomplissement
des formalités prescrites, purge, en faveur du concessionnaire,
tous les droits des propriétaires de la surface et des inventeurs
ou de leurs ayants droit, chacun dans leur ordre, après qu'ils
ont été entendus ou appelés légalement, ainsi qu'il sera ci-après
réglé.

Art. 18. La valeur des droits résultant en faveur du propriétaire de la surface, en vertu de l'article 6 de la présente
loi, demeurera réunie à la valeur de ladite surface, et sera affectée avec elle aux hypothèques prises par les créanciers du
propriétaire.

[1] Voir les articles II[1], II[2] et V du modèle de cahier des charges d'une concession de mines, annexé à la circulaire du 8 octobre 1843.

[2] Voir, pour le sel, les articles 3 de
la loi du 17 juin 1840 et 12 de l'ordonnance du 7 mars 1841.

— En Belgique, l'article 11 d'une
loi organique du 2 mai 1837, qui a
réglé les principales modifications
apportées dans ce royaume à la loi de
1810, accorde au propriétaire du sol
une sorte de préférence, analogue à
celle qui résultait de l'article 10 de
la loi de 1791.

[3] Voir aussi l'article 46 de la loi,
relatif à un autre élément d'indemnité
en faveur de l'inventeur, qui assure à
celui-ci le remboursement de ses
avances, indépendamment de la ré-
munération à laquelle il a droit pour
le service rendu à l'industrie.

Art. 19. Du moment où une mine sera concédée, même au propriétaire de la surface, cette propriété sera distinguée de celle de la surface, et désormais considérée comme propriété nouvelle, sur laquelle de nouvelles hypothèques pourront être assises, sans préjudice de celles qui auraient été ou seraient prises sur la surface et la redevance, comme il est dit à l'article précédent.

Si la concession est faite au propriétaire de la surface, ladite redevance sera évaluée pour l'exécution dudit article.

Art. 20. Une mine concédée pourra être affectée, par privilége, en faveur de ceux qui, par acte public et sans fraude, justifieraient avoir fourni des fonds pour les recherches de la mine, ainsi que pour les travaux de construction ou confection de machines nécessaires à son exploitation, à la charge de se conformer aux articles 2103 et autres du code Napoléon, relatifs aux priviléges.

Art. 21. Les autres droits de privilége et d'hypothèque pourront être acquis sur la propriété de la mine, aux termes et en conformité du code Napoléon, comme sur les autres propriétés immobilières.

TITRE IV.

SECTION Iʳᵉ.

DE L'OBTENTION DES CONCESSIONS.

ART. 22. La demande en concession sera faite par voie de simple pétition adressée au préfet, qui sera tenu de la faire enregistrer à sa date sur un registre particulier, et d'ordonner les publications et affiches dans les dix jours [2].

ART. 23. Les affiches auront lieu pendant quatre mois [3], dans

[1] Voir, au sujet des concessions, l'article 2, les titres II et III de la loi, ainsi que les SS 2 *Généralités* et 2 de la section A de l'instruction ministérielle du 3 août 1810, les articles 23, 24, 33 et 34 du décret du 18 novembre suivant, les circulaires des 17 août et 18 décembre 1812, 14 octobre 1813, 28 février 1819, 24 juillet 1834, 31 octobre 1837 et 15 mai 1839.

[2] Voir, pour le sens dans lequel il convient évidemment d'entendre ce dernier membre de phrase, la circulaire du 31 octobre 1837. — Voir l'article 24 du décret du 18 novembre 1810.

— Voir ci-après l'article 30 de la loi, qui eût dû logiquement être un second paragraphe de l'article 22.

— Bien que les demandes en con-cession de mines ne confèrent aucun droit sur le sol, elles sont néanmoins, tant qu'elles subsistent, l'indication de prétentions que le public peut croire fondées; et par là il est à craindre qu'elles ne fassent obstacle aux explo-rations que des tiers auraient l'inten-tion d'opérer. Les demandeurs doivent donc se mettre en mesure de four-nir les justifications exigées ou de re-noncer. Dans ce dernier cas, il con-vient que le rejet de leur pétition soit prononcé; d'après les règles de la matière, c'est au ministre qu'il ap-partient de prendre une semblable dé-cision.

[3] La durée des affiches et publica-tions n'est que de deux mois pour les sources et puits d'eau salée. (Article 8 de l'ordonnance du 7 mars 1841.)

le chef-lieu du département, dans celui de l'arrondissement où la mine est située, dans le lieu du domicile du demandeur [1], et dans toutes les communes dans le territoire desquelles la con-concession peut s'étendre : elles seront insérées dans les journaux de département [2].

Art. 24. Les publications des demandes en concession de mines auront lieu devant la porte de la maison commune et des

[1] Il serait contraire à la loi que le gouvernement accordât une concession à un individu dont le nom n'a pas figuré dans les affiches et publications, alors même qu'il apporterait le désistement en sa faveur des demandeurs primitifs. Mais il appartient au gouvernement d'examiner et d'apprécier les titres de cet individu à figurer dans le décret de concession, à la suite de ces demandeurs.

Lorsqu'il s'agit d'une compagnie, qui ne change pas de caractère et de dénomination par une modification intérieure, l'accomplissement de nouvelles affiches et publications n'est peut-être pas absolument indispensable. Mais il en est autrement si une société nouvelle se trouve substituée à la société primitive. Le Moniteur du 30 août 1856 contient précisément une note émanée du ministère de l'agriculture, du commerce et des travaux publics, qui est une application de cette règle.

Plusieurs demandeurs avaient cessé de faire partie de la société lorsque la pétition a été publiée et affichée, de telle sorte que la nouvelle société était tout à fait distincte de l'ancienne. Pour régulariser cette situation, le préfet du département a pris, d'après les instructions de l'administration, un arrêté par lequel la société définitive était invitée à faire directement une demande en concession, pour être soumise à de nouvelles formalités de publicité.

— Une élection de domicile faite par un demandeur chez un officier ministériel n'empêche pas que les formalités de publicité ne doivent être remplies au *lieu du domicile* réel de ce demandeur.

[2] Cette insertion doit évidemment avoir lieu à l'époque même où les affiches sont apposées, afin que le public ait tout le temps d'être averti par la voie des journaux, comme par les publications faites dans la localité. — Il suffit, pour satisfaire à l'article 23, que l'insertion ait lieu une seule fois, le renouvellement mensuel prescrit par l'article suivant n'étant évidemment relatif qu'aux publications.

Par *département*, on doit entendre celui où se trouve le gîte minéral à concéder ; la demande est seulement

églises paroissiales et consistoriales, à la diligence des maires, à l'issue de l'office, un jour de dimanche, et au moins une fois par mois pendant la durée des affiches. Les maires seront tenus de certifier ces publications.

Art. 25. Le secrétaire général de la préfecture délivrera au requérant un extrait certifié de l'enregistrement de la demande en concession.

Art. 26. Les demandes en concurrence et les oppositions qui y seront formées seront admises devant le préfet jusqu'au dernier jour du quatrième mois, à compter de la date de l'affiche. Elles seront notifiées, par actes extrajudiciaires, à la préfecture du département, où elles seront enregistrées sur le registre indiqué à l'article 22. Les oppositions seront notifiées aux parties intéressées, et le registre sera ouvert à tous ceux qui en demanderont communication [1].

publiée et affichée au lieu du domicile du demandeur, quand il demeure hors de ce département.

On annexe au dossier le numéro du journal du département où l'affiche a été insérée.

— Tous les frais de publicité sont naturellement à la charge des pétitionnaires.

[1] Voir les circulaires des 3 novembre 1812 et 30 mai 1843.

— Si la publicité de l'article 26 suffit pour les demandes en concurrence formées pendant les quatre mois d'affiche de la demande primitive, et s'il est inutile de faire autant d'affiches qu'il y a de pétitions distinctes, cette règle souffre une exception lorsque les concurrents indiquent un périmètre plus étendu que celui de la demande affichée d'abord. Mais encore ne doit-on publier et afficher leurs demandes que si, après l'examen de l'affaire, on reconnaît qu'il y a lieu de concéder plus que le périmètre primitivement sollicité. Comme il peut arriver que le travail des ingénieurs porte à ne point sortir des premières limites, il vaut beaucoup mieux, à tous égards, attendre leurs propositions pour juger du parti à prendre, que de s'exposer à l'avance, par l'effet d'une mesure générale, à faire naître un nouveau délai qui aurait pu, dans bien des circonstances, être évité.

— C'est ici le lieu de faire remar-

Art. 27. A l'expiration du délai des affiches et publications, et sur la preuve de l'accomplissement des formalités portées aux articles précédents, dans le mois qui suivra au plus tard, le préfet du département, sur l'avis de l'ingénieur des mines, et après avoir pris des informations sur les droits et les facultés des demandeurs, donnera son avis et le transmettra au ministre de l'intérieur[1].

Art. 28. Il sera définitivement statué sur la demande en concession par un décret impérial délibéré en conseil d'état[2].

quer que le gouvernement est libre de comprendre, dans une concession qu'il institue, des terrains qui ont été demandés par des concurrents du concessionnaire, sans qu'ils aient été réclamés par ce dernier. Il suffit que les formalités de publications et d'affiches aient été remplies à l'égard de ces terrains.

— Il a été reconnu, par un avis du conseil d'état mentionné dans la circulaire du 30 mai 1843, que les demandes en concurrence, intervenues durant les quatre mois de la demande primitive, devaient être assimilées aux oppositions, enregistrées et notifiées comme elles. Mais les mêmes formalités ne sont point exigées pour les répliques à ces oppositions ou demandes en concurrence.

— C'est sans doute avec intention que la loi n'a point répété les mots *par actes extrajudiciaires*, en prescrivant des notifications aux parties intéressées, de manière à laisser une plus grande latitude. Les particuliers ne peuvent se signifier respectivement que par ministère d'huissier les actes qui les intéressent; mais, quand une opposition ou demande en concurrence a été adressée à la préfecture, et que le préfet en fait donner communication aux parties par l'intermédiaire du sous-préfet ou du maire, le but de la loi est pareillement rempli. Ce qu'elle a voulu, c'est que le premier demandeur connût les demandes nouvelles et les oppositions qui sont formées, afin qu'il pût y répondre.

[1] Il est à peine besoin de faire remarquer qu'il s'agit, en principe, du ministre qui a l'administration des mines dans son département.

[2] Voir la circulaire du 8 octobre 1843 et ses deux annexes.

— La loi ne fixe pas un terme à l'expiration duquel les publications des demandes en concession sont prescrites; mais cette prescription résulte de l'ensemble des dispositions de la loi, et il appartient à l'administration d'en faire l'application, dans l'intérêt des tiers et dans l'intérêt public. (Avis du conseil d'état du 5 novembre 1838.)

Jusqu'à l'émission du décret, toute opposition sera admissible

— En matière de concession, l'avis du préfet n'est qu'un acte d'instruction administrative, non susceptible d'appel. Il en est de même de l'avis du ministre, qui ne peut être déféré au souverain par la voie contentieuse.

— C'est au souverain, en son conseil d'état et par la voie contentieuse, qu'il appartient de donner l'interprétation d'un acte de concession sur l'étendue et les effets duquel il y a contestation. (O. C. 19 juillet 1843, citée aussi à l'article 51 ; A. C. 15 septembre 1848.)

— C'est ainsi que l'un des signataires d'une demande en concession, qui était mort avant l'obtention du décret institutif, a été déclaré après coup (par ses ayants cause) faire partie des concessionnaires en faveur desquels avait été rendu ce décret, parce qu'il était constant que l'intention de l'administration avait été de le comprendre dans l'expression générique *et compagnie*.

Le gouvernement laissait d'ailleurs de côté la question de quotité, — laquelle n'avait naturellement point été réglée par le décret institutif, et dépendait des conditions faites entre les pétitionnaires ou des intérêts acquis qu'ils apportaient dans leur société. (D. C. 14 février 1813.)

Cependant, à l'occasion d'une espèce analogue, le gouvernement a décidé (O. C. 20 juillet 1836) que la réclamation d'héritiers qui préten-

daient que le nom de leur auteur avait été omis par erreur dans une ordonnance de concession, et demandaient la rectification de cet acte, n'était pas de nature à être présentée au souverain par la voie contentieuse.

Il importe de remarquer que ces deux solutions proclament le principe de la compétence administrative en semblable matière ; quant à la seconde, elle est peut-être plus conforme à la liberté absolue qui est laissée, par la loi, au gouvernement dans le choix d'un concessionnaire de mines.

— De cette liberté absolue résulte que la concession, faite à un individu qui est mort avant la signature du décret institutif, n'est pas de droit acquise à ses héritiers.

— S'il s'agit uniquement de statuer sur un acte de société passé entre un concessionnaire de mines et des associés primitifs, l'intelligence d'un acte de cette espèce, émané de personnes privées et n'ayant pour objet que des intérêts privés, est essentiellement de la compétence des tribunaux. (C. C. 13 janvier 1804.)

— Il est intéressant de rapprocher des questions de cet ordre un arrêt récent de la cour régulatrice, — rendu, d'ailleurs, dans une espèce où l'arrêt attaqué émanait d'une cour d'appel qui n'avait consulté que les actes produits, sans avoir besoin de déroger à une ordonnance de concession, ni

devant le ministre de l'intérieur ou le secrétaire général du

de se livrer à l'interprétation de cet acte de l'autorité administrative :

«Si un arrêt puise dans les circonstances de la cause la preuve qu'un concessionnaire, en demandant une concession, avait agi non-seulement dans son intérêt personnel, mais aussi dans l'intérêt d'une cohérie, et qu'une fraction de cette concession appartenait à l'un des membres de cette cohérie ou à ceux qui le représentent, cette appréciation et cette interprétation des actes produits sont souveraines et ne sont point soumises à la censure de la cour de cassation.» (C. C. 11 février 1857.)

— N'est pas admissible la requête d'un concessionnaire qui ne produit aucune décision, soit judiciaire, soit administrative, par suite de laquelle il y ait lieu de statuer sur l'interprétation d'un décret de concession.

— En principe, toute question relative à l'accomplissement des formalités qui doivent précéder ou accompagner un acte d'administration ne peut jamais être une question ressortissant à l'autorité judiciaire. Il n'appartient qu'à l'autorité administrative, chargée de procéder à l'instruction, d'apprécier les formalités nécessaires pour que cette instruction soit complète et régulière.

Un décret rendu en matière de concession est un acte purement administratif, qui ne peut être attaqué par la voie contentieuse qu'au cas où les formalités requises par les lois et règlements n'auraient pas été remplies.

— Quatre décrets de concession, rendus dans la persuasion que toutes les parties intéressées avaient donné leur consentement à des changements de limites proposés, ont ainsi été rapportés, dès qu'il a été reconnu que l'une d'elles n'avait pas été entendue dans l'instruction. (D. C. 21 février 1814.)

— Si le concessionnaire croit devoir critiquer certaines dispositions de détail du décret de concession ou du cahier des charges y annexé, sous le rapport de leur efficacité et de leur exécution, il peut s'adresser à l'administration, qui donnera à sa réclamation la suite qui sera jugée convenable.

Si des opposants se croient lésés par l'ordonnance qui a déclaré leurs oppositions à une demande en concession non admissibles, ils doivent s'adresser au souverain, par la voie gracieuse, pour demander la révocation ou la réformation de ladite ordonnance.

Il y a lieu alors à application de l'article 40 du décret impérial du 22 juillet 1806, contenant règlement sur les affaires contentieuses portées au conseil d'état.

— Un décret de concession ne fait, d'ailleurs, pas obstacle à ce que les intéressés exercent, devant qui de

conseil d'état[1] : dans ce dernier cas, elle aura lieu par une requête signée et présentée par un avocat au conseil, comme il
est pratiqué pour les affaires contentieuses; et, dans tous les cas,
elle sera notifiée aux parties intéressées.

Si l'opposition est motivée sur la propriété de la mine acquise par concession ou autrement[2], les parties seront renvoyées
devant les tribunaux et cours[3].

Art. 29. L'étendue de la concession sera déterminée par
l'acte de concession[4] : elle sera limitée par des points fixes, pris
à la surface du sol, et passant par des plans verticaux menés de
cette surface dans l'intérieur de la terre à une profondeur indé-

droit, toute action pour les indemnités auxquelles ils croiraient pouvoir
prétendre contre les concessionnaires,
d'après leurs titres et les règles du
droit commun ; mais, si ce décret a
jugé toutes les réclamations et oppositions, il doit sortir son plein et en-
tier effet.

[1] Voir les articles 1 et 2 de l'arrêté
ministériel du 27 octobre 1812.

Voir, au sujet des demandes en concurrence, les circulaires des 29 septembre 1837 et 30 mai 1843; — pour
les sources et puits d'eau salée, l'article 9 de l'ordonnance du 7 mars 184:.

[2] Le mot *autrement* ne peut vouloir
dire autre chose qu'une possession
par un des moyens (vente, transmission, etc.) qui mettent l'opposant aux
droits d'un concessionnaire déjà institué.

[3] Voir l'article 4 de l'arrêté ministériel du 27 octobre 1812.

Le renvoi sera donc prononcé par
l'autorité administrative, à laquelle il
appartient de faciliter et de procurer
l'exécution de la loi, sans qu'il soit
besoin d'un décret.

— Il convient cependant de citer
un décret impérial, du 28 août 1810,
rendu dans la forme d'un règlement
d'administration publique, qui, dans
un cas où il était « survenu à une concession demandée des oppositions
formées à titre de propriétaires, » ren-
voyait, « préalablement à toute concession, les parties à se pourvoir devant les tribunaux, pour y faire juger
les droits des opposants. »

[4] Voir, pour les concessions salines,
l'article 4 de la loi du 17 juin 1840.

Voir, au sujet du bornage des concessions de mines, les articles 56 de
la loi de 1810 et A du modèle de
cahier des charges d'une concession de
mines, annexé à la circulaire du 8 octobre 1843, ainsi que la circulaire du
16 novembre 1852.

finie; à moins que les circonstances et les localités ne nécessitent un autre mode de limitation [1].

Art. 30. Un plan régulier de la surface, en triple expédition, et sur une échelle de dix millimètres pour cent mètres, sera annexé à la demande [2].

Ce plan devra être dressé ou vérifié par l'ingénieur des mines, et certifié par le préfet du département.

Art. 31. Plusieurs concessions pourront être réunies entre les mains du même concessionnaire, soit comme individu, soit comme représentant une compagnie, mais à la charge de tenir en activité l'exploitation de chaque concession [3].

---

[1] Si, comme cela se rencontre fréquemment pour beaucoup de métaux, les substances sont tellement unies qu'elles constituent un seul et même gisement (amas, couche ou filon), de sorte qu'il ne soit pas possible de les exploiter isolément, quoiqu'elles puissent être séparées par des opérations ultérieures, mécaniques ou chimiques, la concession de l'une comprend nécessairement aussi toutes les autres. Il en est de même si ces substances sont connexes, ou alternées, ou juxtaposées.

Si, au contraire, il s'agit de substances qui forment chacune des gîtes distincts, susceptibles d'être exploités séparément, la concession qui a été faite pour l'une d'elles ne s'étend pas aux autres substances de nature différente. Il faut plusieurs concessions, dont chacune déterminera une indemnité particulière en faveur des propriétaires de la surface, conformément aux articles 6 et 42 de la loi.

[2] Voir les circulaires des 23 mars 1812, 26 janvier 1815 et 15 mai 1839. — Cette échelle est double pour les concessions salines. (Article 7 de l'ordonnance du 7 mars 1841.)

[3] Voir le décret du 23 octobre 1852, qui a fixé définitivement le sens de cet article, et la circulaire du 20 novembre suivant.

—— Depuis la promulgation de ce décret, les actes de concession contiennent l'article suivant :

« ART. ...

« Conformément au décret du 23 octobre 1852, les concessionnaires ne pourront, sans l'autorisation du gouvernement, réunir leur concession à d'autres concessions de même nature, par association, acquisition ou de toute autre manière, sous peine du retrait des concessions réunies, et sans préjudice des poursuites qui pourraient être exercées, en vertu des articles 414 et 419 du code pénal. »

SECTION II.

DES OBLIGATIONS DES PROPRIÉTAIRES DE MINES.

Art. 32. L'exploitation des mines n'est pas considérée comme un commerce, et n'est pas sujette à patente [1].

[1] Ne sont pas assujettis à la patente : 4°... Les concessionnaires de mines pour le seul fait de l'extraction et de la vente des matières par eux extraites.... (Article 13 de la loi du 25 avril 1844, sur les patentes.)

L'ordonnance royale du 31 janvier 1847, qui détermine et régularise l'assiette de la contribution des patentes en Algérie, reproduit naturellement cette disposition. (Art. 15, 4°.)

— L'article 32 de la loi de 1810 ne s'applique évidemment qu'aux mines, — bien que le contraire se lise au commencement du § 12 de la section A de l'instruction ministérielle du 3 août 1810.

Les exploitations de minières et carrières ne sont, en effet, point comprises dans les exceptions déterminées par l'article 13 de la loi du 25 avril 1844, qui les classe nominativement dans le tableau C : Professions imposées sans égard à la population. Cinquième partie.

En dernier lieu, on lit dans la loi du 15 mai 1850, portant fixation du budget des recettes de l'exercice de 1850 (titre VI. Sur les patentes. — Tableau F additionnel au tableau C de la loi de 1844. Cinquième partie), que les exploitants de carrières souterraines ou à ciel ouvert, de minières non concessibles et extraction de minerai de fer, de tourbières, sont passibles d'un droit fixe de 5 fr., plus 3 fr. par ouvrier, jusqu'au maximum de 200 fr.; il en est de même des extracteurs de cendres noires.

— Aux termes de l'article 32, une société formée pour la concession et l'exploitation de mines est civile et non commerciale. (C. C. 7 février 1826, 15 avril 1834 et 10 mars 1841.)

Dans deux arrêts, des 30 avril 1828 et 15 décembre 1835, la cour suprême avait admis quelques restrictions à ce principe. Dans un dernier arrêt, du 26 mars 1855, elle a semblé admettre qu'une société formée pour l'exploitation des mines pouvait être, suivant les cas, considérée comme civile ou commerciale.

C'est, en effet, dans ce sens qu'il serait désirable que la jurisprudence réformât un principe qui, bien qu'il soit certainement l'expression de la pensée du législateur, est tout à fait

ART. 33. Les propriétaires de mines sont tenus de payer à

contraire à la nature des choses, et donne lieu à de continuelles difficultés. On sait, d'ailleurs, combien la question est controversée, malgré les nombreuses occasions que les cours et tribunaux ont eues de l'examiner.

— Aucune disposition de la loi de 1810 n'établit de distinction à l'égard des concessionnaires qui se réunissent en association pour exploiter et vendre en commun les produits de leurs mines. (O. C. 7 juin 1836.)

— L'exemption portée par les articles 32 de la loi de 1810 et 13 de celle du 25 avril 1844 ne saurait être appliquée à une association de concessionnaires de mines de houille, qui ne se borne pas à l'exploitation de chacune de ses concessions au mieux des intérêts particuliers de chacune d'elles; qui a pour objet de diriger l'exploitation de toutes les concessions, et de faire le commerce des houilles extraites au mieux des intérêts de l'association tout entière; qui, en outre et dans ce but, non-seulement fait faire des transports et établir des approvisionnements dans des lieux importants de consommation, mais se livre à des opérations de diverses natures pour assurer la vente, au meilleur prix, de ses houilles.

C'est avec raison qu'une telle association est imposée à la patente de marchand de charbon en gros. (D. C. 14 décembre 1853 et 21 avril 1854.)

— Des explorateurs de mines, autorisés par l'administration à disposer des produits de leurs recherches, ne sont pas sujets à patente. (O. C. 9 juin 1842.)

— Les sources ou puits d'eau salée sont, comme les mines de sel, susceptibles de concession, et dès lors elles ne sont pas soumises à la patente. (O. C. 17 avril 1834.)

— Les exploitations de sources ou puits d'eau salée, étant soumises au régime des mines par la loi de 1840, doivent jouir de la même exemption.

Un concessionnaire qui se borne à l'exploitation desdites sources et puits ne doit pas être porté au rôle des patentes en qualité de fabricant et de raffineur de sel. (O. C. 20 août 1847 et 3 janvier 1848; D. C. 21 avril 1848 et 9 mars 1853.)

— Un concessionnaire de houillère, qui se borne à convertir en coke les charbons tirés des mines dont il est propriétaire, ne doit pas être imposé aux droits de patente, à raison d'une opération qui n'est qu'un mode de l'exploitation desdites mines.

Si l'article 13 de la loi du 25 avril 1844 a déclaré n'exempter de la patente les concessionnaires de mines que pour le seul fait de l'extraction et de la vente des matières par eux extraites, cette disposition n'a apporté aucune restriction au droit résultant de l'article 32 de la loi de 1810. (O. C. 21 janvier 1847; A. C. 7 décembre 1850 et 22 février 1851.)

Cette jurisprudence, qui ne semble

l'état une redevance fixe et une redevance proportionnée au produit de l'extraction [1].

Art. 34. La redevance fixe sera annuelle, et réglée d'après l'étendue de celle-ci [2] : elle sera de 10 francs par kilomètre carré [3].

pas conforme au but que s'est réellement proposé le législateur de 1810 dans l'article 32, a eu pour conséquence nécessaire une circulaire du 9 avril 1851, aux termes de laquelle la valeur même du coke obtenu est assujettie à la redevance, « en tenant compte des frais d'extraction de la houille employée, des frais de fabrication du coke et du bénéfice retiré par les concessionnaires. »

[1] Les concessions salines seules ne sont point assujetties à cette seconde redevance. (Article 4 de la loi du 17 juin 1840.)

— La matière des redevances publiques est régie par un décret organique du 6 mai 1811. Les principes essentiels ont récemment été résumés dans une circulaire du 12 avril 1849, complétée par deux circulaires explicatives des 1er décembre 1850 et 14 juin 1852.

Voir, en outre, les articles 52 et 54 de la loi, ainsi que le S 12 de la section A de l'instruction ministérielle du 3 août 1810, les articles 25, 35 et 36 du décret du 18 novembre suivant, Q du modèle de cahier des charges d'une concession de mines, annexé à la circulaire du 8 octobre 1843.

Se reporter enfin à la note qui accompagne la section 1re du titre III de la loi.

[2] Celle-ci (la concession) ; ce pronom figurait dans les rédactions qui ont précédé le texte définitif de l'article 34, comme venant à la suite d'un membre de phrase finalement supprimé, sans qu'on songeât à remanier la forme du reste de l'article, où se trouvait le mot concession.

— Le payement, pour chacune des concessions par couches de minerais (système justement écarté en France), de la redevance fixe afférente à leur surface commune, a été nettement exigé par l'instruction ministérielle du 3 août 1810 (S 12, 1°, de la section A).

Ce principe est évidemment applicable aux concessions superposées, dont il est question à l'article C du modèle d'ordonnance de concession de mines, annexé à la circulaire du 8 octobre 1843.

[3] Voir les circulaires des 26 mai et 1er septembre 1812, 19 mai 1813, et la fin de celle du 29 décembre 1838.

— Aucune disposition des lois et règlements n'admet les propriétaires des mines à demander décharge de la

La redevance proportionnelle sera une contribution annuelle, à laquelle les mines seront assujetties sur leurs produits [1].

Aɴᴛ. 35. La redevance proportionnelle sera réglée, chaque année, par le budget de l'état, comme les autres contributions

redevance fixe pour cause de cessation de travaux. (D. C. 15 juillet 1853.)

La loi de 1810 et le décret de 1811 n'autorisent pas d'exemptions pour la redevance fixe. Elle est une charge inhérente à la concession; elle doit être acquittée tant que celle-ci subsiste, et cela indépendamment du fait de la suspension des travaux, quand bien même cette suspension serait occasionnée par des circonstances tout à fait étrangères à la volonté des concessionnaires.

Quelquefois seulement on a fait exception à cette règle en faveur de concessionnaires qui renonçaient à leur concession. Les actes qui sont intervenus pour accepter les renonciations ont, en même temps, accordé une remise de la redevance fixe à partir du moment ou elles avaient été présentées.

[1] Dans l'état de la législation, l'administration fait porter cet impôt sur la redevance tréfoncière, notamment lorsque le concessionnaire est soumis à une redevance en nature en faveur des propriétaires, et le réclame du concessionnaire, sauf à ce dernier, à son tour, à exercer son recours contre chaque propriétaire tréfoncier.

Ce recours n'a jusqu'à présent point été admis par l'autorité judiciaire, et cette jurisprudence vient de recevoir la sanction de la cour suprême par l'arrêt suivant :

— D'après les articles 6, 7 et 19 de la loi de 1810, la propriété de la surface est complétement distincte de celle de la mine dont l'exploitation a été concédée.

Suivant l'article 33 de la même loi, l'impôt de la redevance fixe et de la redevance proportionnelle au profit de l'état n'affecte que la propriété de la mine. Aucune disposition de loi ne met à la charge de la propriété de la surface une partie de cet impôt. Ainsi, en rejetant la demande d'un concessionnaire contre les propriétaires de la surface, en remboursement d'une partie de sa redevance proportionnelle, une cour ne viole aucune loi. (C. C. 23 février 1857.)

— La loi de 1810 et le décret de 1811 n'imposent à la redevance proportionnelle que l'exploitation des mines, et prescrivent que cette redevance soit établie d'après le produit net de l'extraction; dès lors, c'est à tort qu'elle a été calculée, pour une mine de fer, en raison des produits d'un haut fourneau qu'elle alimente,

publiques : toutefois elle ne pourra jamais s'élever au-dessus de cinq pour cent du produit net. Il pourra être fait un abonne-

tandis qu'elle aurait dû l'être d'après le produit net des quantités extraites de minerai. (O. C. 4 juin 1839.)

— Aux termes de la loi de 1810, la redevance proportionnelle est une contribution établie sur le produit net de l'extraction. Il suit de là que c'est d'après le prix moyen sur le carreau de la mine que doit être évalué, pour toutes les quantités extraites, le produit de la mine soumise à la redevance; et qu'il n'y a pas lieu d'en déduire les frais de transport et de commission faits par le concessionnaire pour faciliter la vente, en dehors du carreau de la mine, de tout ou partie desdites quantités. (D. C. 21 juillet 1853.)

— La proportion des diverses qualités de charbons pouvant, dans une mine de houille, être différente dans la vente et dans l'extraction, l'application de la moyenne des prix de vente peut donner un chiffre différent de celui de la véritable valeur des charbons extraits. Dès lors, il y a lieu, dans la fixation de la redevance proportionnelle, de procéder, séparément et par chaque qualité, à l'estimation de la valeur de ces charbons extraits. (D. C. 16 juin 1853, cité aussi à l'article 37.)

— A l'égard des minerais métalliques, il est tout à fait impossible de les évaluer dans l'état où ils sortent des mines : on ne doit considérer comme produit brut de l'exploitation, dans chaque exercice, que les minerais amenés, durant cet exercice, à l'état définitif où ils pourront être vendus ou livrés aux usines, après avoir subi toutes les opérations nécessaires; on doit laisser en dehors, pour être comptés plus tard, les minerais en cours de préparation, qui ne sont que des produits imparfaits dont l'évaluation est par cela même très-incertaine.

Les circulaires des 12 avril 1849 et 14 juin 1852, en spécifiant que la redevance proportionnelle se règle d'après la valeur des *minerais extraits,* n'ont eu en vue que la substance minérale utile, dégagée des matières terreuses qui l'accompagnent et qui font qu'on ne peut en tirer parti immédiatement après l'extraction.

La quantité de minerais préparés dans le cours d'une année devra être portée pour sa valeur, telle qu'elle résultera des ventes effectuées, parmi les produits de la mine, sur lesquels sera établie la redevance proportionnelle pour l'exercice suivant, tous les frais de préparation formant, bien entendu, un article des dépenses.

Les minerais pauvres restant sans emploi sur les haldes ne doivent figurer que pour mémoire sur les états annuels d'exploitation; on comptera ultérieurement dans le produit brut ceux de ces minerais dont on viendra

ment pour ceux des propriétaires des mines qui le demanderont [1].

Aʀᴛ. 36. Il sera imposé en sus un décime pour franc, lequel formera un fonds de non-valeur, à la disposition du ministre de l'intérieur, pour dégrèvement en faveur des propriétaires des mines qui éprouveront des pertes ou accidents.

Aʀᴛ. 37. La redevance proportionnelle sera imposée et perçue comme la contribution foncière [2].

Les réclamations à fin de dégrèvement ou de rappel à l'égalité

à pouvoir tirer parti; de ce moment seulement ils acquerront une valeur commerciale.

[1] Voir la circulaire en date du 12 avril 1849.

[2] Le titre VI de la loi du 3 frimaire an VII ne déduit du revenu brut, pour former le revenu net, seul imposable aux termes de cette loi, que les frais d'exploitation et d'entretien, sans avoir égard aux charges dont pourraient être grevés les immeubles imposés. En conséquence, ne doit pas être déduite du revenu net d'un concessionnaire de mines, tel qu'il est calculé pour l'assiette de la redevance proportionnelle, la somme représentant les intérêts de celle empruntée par ledit concessionnaire. (D. C. 20 mars 1852).

— Il n'y a pas lieu de déduire du produit brut les intérêts du fonds de roulement, ni les intérêts de la dette d'un concessionnaire de mines. En effet, la redevance a été établie, d'une manière générale, sur les profits que la mine procure au concessionnaire, et aucune disposition de loi n'a décidé que ces profits dussent être, jusqu'à concurrence de 5 p. o/o des capitaux dépensés, exempts de ladite redevance.

Il ne peut non plus y avoir lieu de déduire l'amortissement de cette dette.

En effet, d'une part, les exploitants ne peuvent être admis à prétendre que, pour la détermination du produit net de la mine, il y ait lieu de tenir compte de la dette contractée pour le payement du prix plus ou moins élevé, moyennant lequel ils auraient cru devoir acquérir des premiers concessionnaires les mines que l'état avait concédées à ceux-ci à titre gratuit.

D'autre part, lors de l'établissement de chaque redevance annuelle, il est fait, sur le produit brut, un prélèvement du capital des sommes em

proportionnelle seront jugées par les conseils de préfecture. Le dégrèvement sera de droit quand l'exploitant justifiera que sa redevance excède cinq pour cent du produit net de son exploitation [1].

ART. 38. Le gouvernement accordera, s'il y a lieu, pour les exploitations qu'il en jugera susceptibles, et par un article de l'acte de concession, ou par un décret spécial délibéré en conseil d'état pour les mines déjà concédées, la remise en tout ou partie du payement de la redevance proportionnelle, pour le temps

ployées, dans le cours de l'année précédente, pour travaux d'art ou d'amélioration. Dès lors, la déduction que l'on voudrait faire, chaque année, sur le produit brut annuel, de l'amortissement de la partie de la dette contractée pour l'exécution de ces travaux, constituerait un double emploi avec les déductions en capital opérées lors de la dernière année qui a suivi l'exécution des travaux. (D. C. 16 juin 1853, cité déjà à l'article 34.)

— Il résulte de la loi de 1810 et du décret de 1811 que la perception de la redevance sur les mines doit avoir lieu comme en matière de contributions directes; dès lors, conformément aux articles 50 et 51 de la loi du 3 nivôse an VII et 20 de celle du 21 avril 1832, tout concessionnaire qui se croit surtaxé doit joindre à sa demande en dégrèvement sa quittance des douzièmes échus de sa cotisation. (D. C. 15 et 28 juillet 1853.)

.... Et, aux termes de l'article 30 de la loi de 1832, les recours contre les arrêtés des conseils de préfecture, en matière de contributions directes, sont sans frais...(D. C. 6 mars 1856.)

Les deux premiers décrets visent aussi les articles 1er de l'arrêté des consuls du 16 thermidor an VIII, 5 du titre V de la loi du 1er décembre 1790, 146 de celle du 3 frimaire an VII, 17, 97 et 98 de celle du 2 messidor an VII.

— Si le concessionnaire surtaxé ne produit pas, devant le conseil de préfecture, la quittance des termes échus de la redevance à laquelle il se croit indûment imposé, ce conseil peut, en présence de l'irrégularité résultant du défaut de production de quittance et sur la seule proposition du directeur des contributions directes, sans prescrire la communication de cet avis au réclamant, déclarer non recevable la demande en dégrèvement que celui-ci avait présentée relativement à ladite redevance. (D. C. 26 janvier 1854.)

[1] Voir les articles 44 à 53 du décret de 1811.

qui sera jugé convenable; et ce, comme encouragement, en raison de la difficulté des travaux; semblable remise pourra aussi être accordée comme dédommagement, en cas d'accident de force majeure qui surviendrait pendant l'exploitation[1].

Art. 39. Le produit de la redevance fixe et de la redevance proportionnelle formera un fonds spécial[2], dont il sera tenu un compte particulier au trésor public, et qui sera appliqué aux dépenses de l'administration des mines, et à celles des recherches, ouvertures et mises en activité des mines nouvelles ou rétablissement de mines anciennes.

Art. 40. Les anciennes redevances dues à l'état, soit en vertu de lois, ordonnances ou règlements, soit d'après les conditions énoncées en l'acte de concession[3], soit d'après des baux et adjudications au profit de la régie du domaine, cesseront d'avoir cours à compter du jour où les redevances nouvelles seront établies.

Art. 41. Ne sont point comprises, dans l'abrogation des anciennes redevances, celles dues à titre de rentes, droits et prestations quelconques, pour cession de fonds ou autres semblables, sans déroger toutefois à l'application des lois qui ont supprimé les droits féodaux.

Art. 42. Le droit attribué par l'article 6 de la présente loi

[1] Voir, au sujet des réclamations de secours pour pertes et accidents, la circulaire du 28 juin 1820.

[2] Le système introduit par la loi de finances du 23 septembre 1814 (art. 20) a supprimé les fonds spéciaux, et confondu les redevances et revenus des mines dans les produits généraux de l'état.

[3] Voir l'avis du conseil d'état du 4 thermidor an x, — qui a régi la matière des redevances publiques jusqu'en 1810.

aux propriétaires de la surface sera réglé à une somme déterminée par l'acte de concession [1].

[1] Voir le S 2 de la section A de l'instruction ministérielle du 3 août 1810.

— Les rentes dont sont grevés les produits des mines au profit des propriétaires du sol, en vertu des articles 6 et 42, sont dues aux communes, aux départements et à l'état, à raison des chemins vicinaux ainsi que des routes départementales et impériales qui leur appartiennent dans l'étendue des concessions.

— Il n'y a point de règle absolue en ce qui concerne la fixation de la redevance tréfoncière. Elle dépend de la nature des mines à exploiter, de leur plus ou moins d'importance, des difficultés de l'exploitation, des usages locaux, etc.

Voir, pour le cas où le concessionnaire est soumis à une redevance proportionnelle aux produits de l'extraction en faveur des propriétaires des terrains sous lesquels l'exploitation a lieu, les articles E [1], F [1], K [1] et Q [1] du modèle de cahier des charges d'une concession de mines, annexé à la circulaire du 8 octobre 1843.

— En Belgique, la question est beaucoup mieux réglée. Aux termes de l'article 9 de la loi déjà citée du 2 mai 1837, l'indemnité réservée aux propriétaires de la surface, par la loi de 1810, se compose, comme l'impôt auquel sont spécialement assujettis les concessionnaires de mines, d'une partie fixe et d'une partie proportionnelle au produit de la mine. La redevance fixe, déterminée par l'acte de concession, ne peut être moindre de 25 centimes par hectare. La redevance proportionnelle est fixée de 1 à 3 p. o/o du produit net de la mine, tel que ce produit est annuellement évalué dans l'assiette de la redevance publique, et répartie entre les propriétaires de la surface, au prorata de la superficie de leurs terrains ; un recours est, en conséquence, réservé à ces propriétaires contre l'évaluation du produit net de la mine.

— Les conventions par lesquelles les parties se seraient conciliées d'avance sur leurs prétentions réciproques peuvent être prises en considération ; mais ces conventions ne sauraient lier le gouvernement. Elles sont essentiellement soumises à son appréciation ; et, du moment qu'il ne croit pas devoir les maintenir, elles demeurent comme non avenues par le règlement qu'il fait lui-même des droits de la propriété superficielle. Cette jurisprudence a été, à proprement parler, inaugurée le 19 janvier 1842, date de la première ordonnance de concession qui ait consacré le système de l'article D, S 2, du modèle annexé à la circulaire du 8 octobre 1843. C'est précisément à l'occasion de cette ordonnance qu'a été, à propos d'un arrêté préfectoral de conflit approuvé

Art. 43. Les propriétaires de mines sont tenus de payer les indemnités dues au propriétaire de la surface sur le terrain duquel ils établiront leurs travaux [1].

par le gouvernement, résolue la question de compétence indiquée dans le considérant suivant :

« Au souverain seul il appartient d'apprécier le sens et l'étendue d'un acte de concession qui a fixé le taux des redevances aux propriétaires du sol, et déclaré nulles et non avenues toutes conventions antérieures contraires. » (O. C. 1er juin 1843.)

Les propriétaires du sol se sont pourvus au contentieux contre les dispositions de l'ordonnance de 1842; mais leur pourvoi a été rejeté par une ordonnance au contentieux du 24 janvier 1846, par la raison qu'elles ne présentaient ni obscurité ni ambiguïté, qu'il n'y avait lieu dès lors de les interpréter, et enfin que l'ordonnance de 1842, ayant été rendue, après l'accomplissement des formalités prescrites par la loi, par l'autorité administrative agissant dans les limites de ses pouvoirs, n'était pas de nature à être déférée au souverain par la voie contentieuse.

Les propriétaires du sol ont alors réclamé contre les mêmes dispositions, en se fondant sur l'article 40 du décret du 22 juillet 1806. Le comité de législation du conseil d'état, chargé par le garde des sceaux de l'examen de ce recours par la voie gracieuse, a émis, le 22 décembre 1846, un avis (approuvé par le ministre) qui peut se résumer comme suit :

« Aux termes des articles 6, 16, 17 et 42 de la loi de 1810, il appartient au gouvernement de régler, par l'acte de concession, les droits des propriétaires de la surface sous laquelle est située une mine concédée.

« Les conventions particulières qui peuvent intervenir, avant la concession, entre les propriétaires de ladite surface et les demandeurs en concession, ne sauraient porter aucune atteinte à l'exercice de ce droit du gouvernement.

« Ainsi, les dispositions attaquées de l'ordonnance de 1842 ne présentent pas le caractère exigé par l'article 40 du décret du 22 juillet 1806, relativement aux recours autorisés par ledit article. »

La question a dès lors été tranchée définitivement. S'il est regrettable que cette solution, en quelque sorte organique, ne soit pas connue dans toutes les régions où s'opèrent des recherches de mines, il serait du moins à désirer que l'administration la rappelât dans les affiches des demandes en concession.

[1] Si les indemnités ne peuvent être fixées à l'amiable, elles sont réglées par l'autorité judiciaire, conformément aux dispositions de la section B de l'instruction ministérielle du 3 août

Si les travaux entrepris par les explorateurs ou par les propriétaires de mines ne sont que passagers, et si le sol où ils

1810. (Voir la seconde des notes qui accompagnent l'article 10.)

— Il résulte des articles 15, 46 et 56 de la loi, que les contestations élevées à raison des travaux postérieurs à la concession des mines, et relatifs à leur exploitation, doivent être portées devant les tribunaux. (C. C. 21 avril 1823.)

— Il résulte de la combinaison des articles 43, 44, 87 et suivants de la loi de 1810, que les questions d'indemnités à payer aux propriétaires de la surface des mines doivent être portées devant l'autorité judiciaire, lorsqu'il s'agit de travaux postérieurs à la concession et effectués par le concessionnaire en vertu des droits de propriété qu'il tient de ladite concession. (O. C. 18 février 1846, citée déjà à l'article 11, et D. C. 12 août 1854.)

— Un concessionnaire de mines tient, soit de l'ordonnance de concession, soit des actes administratifs intervenus en vertu de ladite ordonnance, le droit d'occuper, dans le périmètre de la concession [les articles 43 et 44 ne sont applicables qu'aux surfaces comprises dans ce périmètre (A. C. 8 mars 1851)], et sous la surveillance de l'administration, les terrains nécessaires à l'exploitation de ladite concession.

— Aucune loi n'a chargé, soit les conseils de préfecture, soit les tribunaux, d'autoriser l'occupation des terrains nécessaires à un concessionnaire de mines. Le droit d'occupation résulte virtuellement de l'acte de concession, et il ne fait pas obstacle à ce que le propriétaire fasse valoir ses droits devant l'autorité compétente. (D. C. 22 août 1853, cité aussi aux articles 3 et 5.)

— L'autorité judiciaire n'est appelée qu'à régler, en exécution des articles 43 et 44, le prix des terrains dont l'acquisition a pu être exigée du concessionnaire, ou les indemnités auxquelles les propriétaires du sol peuvent avoir droit par suite des travaux de celui-ci. (O. C. 3 décembre 1846.)

La question d'occupation de terrains est donc essentiellement dans les attributions de l'autorité administrative, — contrairement à ce qui a été dit dans un arrêté et une circulaire de 1837, où elle est mentionnée par erreur comme étant de la compétence du conseil de préfecture. C'est au préfet, — seul juge, en premier ressort, de l'utilité, de l'emplacement des travaux nécessaires à une exploitation de mine, — qu'il appartient d'autoriser l'occupation des terrains qu'exige leur établissement. Son arrêté emporte de lui-même la permission d'occuper ces terrains, — en dehors, bien entendu, des périmètres réservés par l'article 11.

Voir, en outre, la note qui accompagne le titre V.

Les travaux nécessaires à une ex-

ont été faits peut être mis en culture au bout d'un an comme il l'était auparavant, l'indemnité sera réglée au double de ce qu'aurait produit net le terrain endommagé.

ART. 44. Lorsque l'occupation des terrains pour la recherche ou les travaux des mines prive les propriétaires du sol de la

ploitation de mines ne sont pas seulement ceux qui pénètrent dans l'intérieur de la terre pour aller y chercher les gîtes à exploiter. Les machines construites à la surface du sol pour l'extraction des minerais ou des eaux souterraines, les bâtiments, les haldes où se déposent ces matières, les canaux ou rigoles qui amènent les eaux motrices ou par lesquels s'écoulent les eaux d'épuisement, les chemins, enfin, qui conduisent à l'orifice du puits les matériaux de l'exploitation et qui transportent les produits, sont des ouvrages aussi indispensables que ces puits eux-mêmes. L'impossibilité où se trouverait un concessionnaire de les exécuter entraînerait l'impossibilité de son exploitation, rendrait illusoire sa concession et impraticables les obligations qu'il est tenu de remplir.

— Tous les anciens règlements sur les mines (voir notamment l'ordonnance du 30 mai 1413, l'édit de septembre 1471, les lettres du 10 octobre 1552 et l'édit de septembre 1739) conféraient aux concessionnaires la faculté d'ouvrir des *chemins et voies, entrées, issues*, pour leurs exploitations. La loi du 28 juillet 1791 a confirmé, comme on sait, ces dispositions.

Les articles 43 et 44 de la loi de 1810 sont la corrélation des articles 21, 22 et 25 de la loi de 1791; quoique moins explicites, ils renferment au fond les mêmes idées. Cette opinion trouverait au besoin sa vérification dans ce fait, que la circulaire du 1er décembre 1850, relative à la redevance proportionnelle sur les mines, n'admet dans les dépenses que l'entretien des voies de communication « pour lesquelles le concessionnaire peut requérir l'expropriation, en vertu des articles 43 et 44 de la loi de 1810. »

Il n'est pas besoin, pour qu'un concessionnaire puisse ouvrir un chemin, que l'enclave soit absolue, au sens de l'article 682 du code Napoléon : si les chemins qui existent ne sont point propres aux charrois, s'ils se trouvent impraticables pour le service de l'exploitation, il y a enclave, dans l'acception du mot en matière de mines; car la loi veut que les gîtes minéraux soient exploités d'une manière conforme à ce que demande l'intérêt public, que leur exploitation puisse prendre tout le développement qu'elle comporte, et que, par conséquent, le concessionnaire ait les moyens de le lui donner.

jouissance du revenu au delà du temps d'une année, ou lors-qu'après les travaux les terrains ne sont plus propres à la culture, on peut exiger des propriétaires des mines l'acquisition des terrains à l'usage de l'exploitation. Si le propriétaire de la surface le requiert, les pièces de terre trop endommagées ou dégradées sur une trop grande partie de leur surface devront être achetées en totalité par le propriétaire de la mine.

L'évaluation du prix sera faite, quant au mode, suivant les règles établies par la loi du 16 septembre 1807, sur le dessé-chement des marais, etc., titre XI[1]; mais le terrain à acquérir

Ce sera donc encore au préfet à examiner, sur le rapport des ingé-nieurs des mines, s'il y a nécessité ou non d'ouvrir un chemin, et à délivrer la permission, lorsque cette nécessité sera constatée.

— A l'égard des chemins de fer, le seul cas qui se soit présenté est celui d'un concessionnaire demandant l'au-torisation d'établir, en dehors de sa concession, un tel chemin pour des-servir ses mines. Cette autorisation, qui lui avait été accordée par un ar-rêté préfectoral, a été annulée, — aux termes de l'arrêt au contentieux du 8 mars 1851, cité tout à l'heure, — par la raison qu'aucun chemin de fer ne peut être construit qu'en vertu d'une permission émanée soit du pou-voir législatif, soit du gouvernement, et que, dès lors, le préfet avait excédé la limite de ses pouvoirs.

Voir au surplus un avis du conseil d'état cité en note de l'article 80, — qui offre certainement une grande analogie avec les articles 43 et 44.

— En outre de l'indemnité accordée par les articles 43 et 44 de la loi, il peut être dû réparation pour autres dommages causés par une prise de pos-session violente et illégale des terrains dont se sont rendus coupables des concessionnaires de mines. (C. C. 8 novembre 1854.)

[1] En renvoyant l'évaluation de l'in-demnité, quant au mode, à la loi du 16 septembre 1807, titre XI, l'article 44 de la loi de 1810 a eu pour objet les articles 56 et 57, sur la nomination des experts et le concours du préfet; cet article déroge au droit commun et aux garanties judiciaires du droit de propriété; l'application doit, dès lors, être entendue et restreinte au cas où l'état se trouve avoir intérêt : ce se-rait, en effet, une chose tout à fait contraire aux idées reçues en législa-tion, en jurisprudence et en économie politique, de faire nommer un tiers expert par le préfet entre deux parti-culiers; de permettre au préfet, dans tous les cas, de faire faire une nou-velle expertise, et de faire régler entre particuliers, par le conseil de préfec-

sera toujours estimé au double de la valeur qu'il avait avant l'exploitation de la mine.

Art. 45. Lorsque, par l'effet du voisinage ou pour toute autre cause, les travaux d'exploitation d'une mine occasionnent des dommages à l'exploitation d'une autre mine, à raison des eaux qui pénètrent dans cette dernière en plus grande quantité; lorsque, d'un autre côté, ces mêmes travaux produisent un effet contraire et tendent à évacuer tout ou partie des eaux d'une autre mine, il y aura lieu à indemnité d'une mine en faveur de l'autre : le règlement s'en fera par experts[1].

ture, une indemnité en argent à raison de l'exploitation d'un immeuble.

L'article 44 ne prévoit pas le cas où l'estimation précéderait ou suivrait la dépossession, et ne parle pas d'intérêts; mais, régulièrement et légalement, l'estimation et le payement doivent précéder la dépossession. (C. C. 8 août 1839.)

— Des fissures et des éboulements, qui ont été occasionnés par une exploitation mauvaise et imprudente, ont pour le propriétaire le même résultat qu'une véritable occupation des terrains, puisque ces éboulements n'en privent pas moins le propriétaire de la surface que s'ils avaient pour cause des travaux extérieurs. (C. C. 23 avril 1850.)

La cour suprême ne se prononçait pas nettement cette fois sur l'application, quant à la double indemnité, de l'article 43 de la loi de 1810.

— Les articles 43 et 44 ne distinguent pas entre l'occupation des terrains pour la recherche ou les travaux des mines, et le cas de la destruction et de la dégradation d'un terrain, causées par les travaux intérieurs de la mine.

Dans ce dernier cas, il y a, comme dans le premier, occupation du terrain d'autrui par le fait de l'exploitation de la mine, et privation pour le propriétaire de la surface de son terrain. Le résultat étant le même, l'indemnité doit être aussi la même, et telle qu'elle est déterminée par la loi spéciale de la matière, et non par les règles ordinaires du droit commun.

Il faut entendre, par ces expressions *avant l'exploitation de la mine*, l'exploitation au moment où le dommage a été causé, et non l'exploitation de la mine telle qu'elle existait à son origine. (C. C. 22 décembre 1852.)

[1] Voir les articles K[2] et U, V, W des première et seconde annexes de la circulaire du 8 octobre 1843.

Art. 46. Toutes les questions d'indemnités à payer par les propriétaires de mines, à raison des recherches ou travaux antérieurs à l'acte de concession, seront décidées conformément à l'article 4 de la loi du 28 pluviôse an VIII [1].

Un débat entre deux concessionnaires de mines, à raison du préjudice que l'un cause à l'autre, ne peut jamais ressortir qu'à l'autorité judiciaire.

— Dans la prohibition d'exploiter des mines dans un terrain déterminé, entre nécessairement la défense d'y pratiquer des ouvertures, des fouilles et des galeries qui peuvent, à tout instant, devenir des moyens d'exploitation, et même de se servir des ouvertures et galeries précédemment pratiquées, quoique destinées à l'usage d'autres mines situées hors les limites du terrain concédé.

Ces anciennes ouvertures et galeries sont, pour celui contre lequel est dirigée la prohibition, un moyen d'exploitation dont il n'a pas le droit de se servir, et il est en contravention aux lois et règlements sur les mines.

Dès lors, les tribunaux correctionnels sont compétents pour y statuer d'après l'article 93 de la loi de 1810. C. C. 30 juillet 1813.)

[1] C'est-à-dire par le conseil de préfecture, comme il est dit à l'article F du modèle d'ordonnance de concession de mines, annexé à la circulaire du 8 octobre 1843.—La loi du 28 pluviôse an VIII règle, comme on sait, les attributions générales de l'administration.

Voir l'article Z du modèle de cahier des charges d'une concession de mines, annexé à la circulaire du 8 octobre 1843.

— Il convient de remarquer qu'il ne s'agit nullement, dans l'article 46 de la loi de 1810, des questions d'indemnité à payer aux propriétaires de la surface des mines, comme cela se lit dans les ordonnance et décret au contentieux des 18 février 1846 et 12 août 1854. Cet article ne concerne que les indemnités dues par un concessionnaire à des concurrents évincés, explorateurs, etc., à raison de travaux de recherche et de reconnaissance antérieurs à l'octroi de la concession et pouvant lui être *utiles*. Toute question relative aux indemnités à payer par un explorateur au propriétaire du sol, à raison de ces mêmes travaux, est exclusivement de la compétence de l'autorité judiciaire. Voir la seconde des notes qui accompagnent l'article 10.

Le principe et le caractère de cette considération toute particulière d'*utilité* ressortiront pleinement des trois citations suivantes, — dont la première est empruntée à une ordonnance de concession houillère du département de la Dordogne.

— Le concessionnaire sera tenu d'indemniser qui de droit, pour raison de travaux dont l'*utilité* sera reconnue...

Dans l'examen de ces questions, seront considérés comme travaux *utiles* au concessionnaire, d'une part, tous les puits, galeries et ouvrages d'art quelconques, qui seront reconnus applicables à la poursuite d'une bonne exploitation, et, d'autre part, tous les ouvrages d'art qui seront reconnus avoir contribué à faire connaître le gîte exploitable; le tout d'après..... les expertises que le conseil de préfecture ordonnera, s'il y a lieu, conformément à l'article 88 de la loi de 1810. (O. 13 septembre 1820.)

— En reconnaissant le principe d'une indemnité due, par des concessionnaires, pour tous les travaux *utiles* qu'auraient pu pratiquer sur une mine des concurrents, avant l'acte de concession, un conseil de préfecture fait une juste application des lois sur la matière. (O. C. 24 juillet 1835.)

— S'il n'y a pas lieu de comprendre dans le règlement de cette indemnité tous les ouvrages qui ont pu être exécutés par les concurrents, il est juste d'admettre ceux des travaux qui ont fourni des renseignements *utiles* sur les allures, les dispositions des gîtes exploitables et ceux qui sont reconnus applicables à la poursuite d'une bonne exploitation, — *dans l'espèce,* un puits et des galeries qui ont fourni des indications *utiles* sur la direction et l'inclinaison des couches houillères dans le périmètre concédé, et qui peuvent être avantageusement employés pour l'exploitation de la mine. (D. C. 13 mars 1856.)

— Par une assimilation naturelle, l'article 46 a été également appliqué dans le cas de concessionnaires substitués à d'anciens exploitants, comme le témoigne un assez grand nombre d'ordonnances de concessions, parmi lesquelles doivent être citées celles relatives aux houillères de la Loire. Elles contiennent, en effet, au sujet de la jouissance des travaux des extracteurs primitifs, la clause suivante, dont le principe est nécessairement moins libéral que celui concernant les explorations :

« La valeur de ces travaux sera réglée à raison de l'*utilité* dont ils devront être pour une exploitation ultérieure. »

Il s'agit toujours là de travaux ayant contribué à la connaissance de la mine, et l'évaluation des indemnités y dépend de circonstances qui sont essentiellement de la compétence des tribunaux administratifs. On vient de voir une application du même principe dans l'ordonnance du 13 septembre 1820; on le retrouve encore dans deux ordonnances au contentieux des 17 avril 1822 et 27 avril 1825.

— C'est évidemment au conseil de préfecture à nommer les experts, si l'une des parties refuse de les désigner.

Il est singulier que la cour de cassation ait pu décider le contraire, dans l'arrêt suivant :

« L'arrêt qui ne statue que sur la validité de la nomination des experts faite par le tribunal de première instance, pour procéder à l'estimation des travaux d'anciens concessionnaires, dont le remboursement était reconnu être à la charge des concessionnaires actuels, sur la régularité des opérations de ces mêmes experts et sur la récusation prononcée contre eux, et laisse à l'administration la condamnation et même la fixation des sommes à payer, se conforme exactement tant à l'article 87 de la loi de 1810 qu'aux articles 303 et suivants du code de procédure civile, et même à l'article 89, concernant le concours du procureur du roi. Et, en restreignant ainsi l'exercice de sa juridiction et des opérations autres que la fixation et l'appréciation des indemnités, le même arrêt ne commet aucune entreprise sur les attributions du pouvoir administratif. » (C. C. 30 janvier 1823.)

TITRE V.

DE L'EXERCICE DE LA SURVEILLANCE SUR LES MINES PAR L'ADMINISTRATION [1].

Art. 47. Les ingénieurs des mines exerceront, sous les ordres du ministre de l'intérieur et des préfets, une surveillance de police pour la conservation des édifices et la sûreté du sol.

Art. 48. Ils observeront la manière dont l'exploitation sera

[1] Voir les articles 11, 15 et 45 de la loi, les SS 2 *Généralités* et 4, 11, 13 de la section A de l'instruction ministérielle du 3 août 1810, les SS 2 et 3 du titre II du décret du 18 novembre suivant, le décret organique du 3 janvier 1813, la circulaire du 1er septembre 1814, l'ordonnance du 26 mars 1843 et la circulaire du 10 mai suivant, les articles H, I et J du modèle d'ordonnance de concession de mines, annexé à la circulaire du 8 octobre 1843, et le modèle de cahier des charges qui l'accompagne.

— Voir l'article 3 de l'ordonnance du 7 mars 1841, sur le sel. On applique, par une assimilation naturelle, la règle tracée par l'article 15, S 2 : s'il ne s'élève aucune réclamation contre le projet de travaux, l'approbation est donnée par le préfet; dans le cas contraire, il est statué par le ministre.

Voir, au sujet des concessions salines exploitées par dissolution, l'article o⁶ du modèle de cahier des charges d'une concession de mines, annexé à la circulaire du 8 octobre 1843.

— Voir, au sujet des plans de mines, le S 11 de la section A de l'instruction ministérielle du 3 août 1810, les articles 6 du décret du 3 janvier 1813 et de l'ordonnance du 26 mars 1843, l'article I du modèle de cahier des charges d'une concession de mines, annexé à la circulaire du 8 octobre suivant (voir aussi les articles E, E¹, H, Q, Q¹ et S), et la circulaire du 4 octobre 1845.

— Voir enfin la loi du 22 juin 1854, le décret impérial du 30 avril 1855 et la circulaire ministérielle du 18 mai suivant. — Le travail des enfants dans les mines est réglé par l'article 29 du décret du 3 janvier 1813, et non par la loi du 22 mars 1841, sur le travail des enfants dans les usines et manufactures. (Circulaire du 20 juin 1854.)

faite, soit pour éclairer les propriétaires sur ses inconvénieuts ou son amélioration, soit pour avertir l'administration des vices, abus ou dangers qui s'y trouveraient.

— Voir le titre III de l'ordonnance du 22 mai 1843, relatif aux machines à vapeur employées dans l'intérieur des mines, et le S 5 de l'instruction ministérielle du 23 juillet suivant.

— Bien loin qu'il y ait eu abrogation de l'article 319 du code pénal, il ressort, tout au contraire, du texte même de l'article 22 du décret du 3 janvier 1813, qu'il le maintient et s'y réfère pour laisser subsister, tout ensemble, les conditions de prudence spéciale et les conditions d'adresse, de prudence, d'attention, de vigilance qui sont de règle générale et de droit commun. (C. C. 20 avril 1855.)

— Le principe qu'à l'autorité administrative seule il appartient de statuer sur les travaux qui se rapportent à l'exploitation des mines, se trouvait dans la loi de 1791, la loi du 21 avril 1810, les décrets des 18 novembre suivant et 3 janvier 1813, le confirment expressément, et il a été consacré de nouveau par la loi de 1838. C'est par suite de ces dispositions que les cahiers des charges des concessions (voir le modèle annexé à la circulaire du 8 octobre 1843) renferment les clauses qui y sont insérées, qui dérivent virtuellement du droit de concession, et par lesquelles l'exécution des travaux est essentiellement soumise à l'autorisation et à la surveillance de l'administration. C'est une attribution distincte de la fixation des indemnités, qui est de la compétence des tribunaux. (Voir les articles 43 et 44 de la loi.) Une décision préfectorale en cette matière, n'étant qu'un simple acte administratif, ne peut évidemment être, directement et avant d'avoir été soumise au ministre, déférée au souverain.

— A l'autorité administrative seule appartient de décider si un champ d'exploitation est épuisé et peut être abandonné.

Un arrêté préfectoral, relatif à la direction des travaux d'exploitation d'une mine, est d'ailleurs un acte administratif, qui ne fait point obstacle à ce que les questions d'intérêt privé soient portées devant les tribunaux. (O. C. 5 avril 1826.)

— L'obligation première et principale du concessionnaire envers le propriétaire du sol est de supporter et maintenir le toit de la mine ; c'est une condition naturelle, absolue, perpétuelle, qu'il est inutile d'imposer, et, lorsque les moyens ordinaires ne suffisent pas pour soutenir le sol, le concessionnaire doit en employer d'extraordinaires, même faire une voûte, si cela est indispensable. (C. C. 20 juillet 1842, cité déjà à l'article 6.)

Inversement, — si, nonobstant la concession d'une mine, les droits inhérents à la propriété de la surface

Art. 49. Si l'exploitation est restreinte ou suspendue, de

restent entiers, conformément à l'article 544 du code Napoléon, il ne s'ensuit pas que le propriétaire de la surface ait le droit de pratiquer des travaux nuisibles à l'exploitation, dans l'étendue de son périmètre.

La concession d'une mine a pour objet l'exploitation de la matière minérale qu'elle renferme; le concessionnaire auquel cette exploitation est interdite, pour un fait à lui étranger, sur une partie du périmètre de la mine, pendant un temps indéterminé, est privé des produits de sa propriété, et éprouve une éviction véritable dont il doit être indemnisé. (C. C. 18 juillet 1837 et 3 mars 1841.)

— Il est de principe de droit et d'équité que personne ne peut user de son droit qu'en respectant le droit d'autrui; que la propriété de la superficie et la propriété de la mine doivent toutes deux se respecter; et le concessionnaire de la mine ne peut, sous le prétexte d'user pleinement et sans limite de ses droits, restreindre l'usage légitime et naturel que le propriétaire de la surface entend faire du sol qu'il a conservé.

Ainsi tous travaux de mines qui mettent en péril les constructions élevées sur le sol, quelle que soit l'époque de leur édification, sont une atteinte portée au droit du propriétaire de la surface. Les principes généraux posés par l'article 1382 du code Napoléon ne trouvent ici aucune modification.

Le dommage causé à la propriété doit donc donner lieu à une réparation, que la juridiction ordinaire doit apprécier sans qu'il soit besoin de s'adresser préalablement à la juridiction administrative, pour savoir si le concessionnaire a suivi, avec plus ou moins de fidélité, les instructions à lui données par l'administration, ou s'il s'est conformé aux précautions générales à prendre lors d'une exploitation de mines. (C. C. 3 février 1857, cité aussi à l'article 6.)

La circonstance que des travaux de mines ont été faits suivant les règles de l'art ne saurait affranchir les exploitants de la peine par eux encourue pour dommage causé à la surface. Leur responsabilité existe par cela seul qu'un dommage a été éprouvé, et que ce dommage est la conséquence des travaux ou de l'omission de certaines précautions. Les articles 1382 et 1383 du code Napoléon reçoivent application toutes les fois qu'un fait quelconque cause à autrui un dommage, ou lorsque la négligence ou l'imprudence ont été la cause du dommage. (C. C. 10 novembre 1852.)

Une action en dommages-intérêts a été admise à la suite d'une disparition, causée par les affaissements et les crevasses produits dans le sol par des travaux de mine, des eaux d'une source qui prenaient naissance sur un fonds à l'arrosement duquel elles servaient. (C. C. 4 janvier 1841 et

manière à inquiéter la sûreté publique ou les besoins des con-

20 juillet 1842, déjà cités à l'article 6.)

— Une action semblable a également été admise pour des eaux sortant en grande abondance de galeries de mines ouvertes dans une montagne, eaux qui, nuisibles à la végétation, occasionnaient des dommages à une prairie inférieure. (C. C. 3 août 1843).

— Enfin des concessionnaires, qui utilisaient les eaux d'un puits de mine pour le lavage de la houille, les ayant dé ersées dans un ruisseau dont elles corrompaient le cours, la cour de cassation a admis l'action intentée à ces concessionnaires par les propriétaires riverains, à raison du préjudice notable qu'ils en ressentaient, et tendante à obtenir des dommages-intérêts et la prescription de mesures préservatrices pour l'avenir :

« En droit, des eaux amenées artificiellement à la surface du sol, employées à des manipulations industrielles et rejetées ensuite, chargées de sels minéraux, sur des propriétés qu'elles frappent de stérilité, ne peuvent être assimilées aux eaux qui découlent naturellement de la mine ; et, dans tous les cas, un semblable fait engage la responsabilité des concessionnaires. » (C. C. 9 janvier 1856.)

— L'article 11 du modèle de cahier des charges d'une concession de mines, annexé à la circulaire du 8 octobre 1843, règle le cas où les travaux doi-

vent s'étendre sous une ville, sous des habitations ou des édifices.

— Les tribunaux sont seuls compétents pour procéder, s'il y a lieu, au règlement des indemnités que des concessionnaires de mines prétendent leur être dues par la compagnie d'un chemin de fer, soit pour une portion de leur périmètre dont ils auraient été privés, par suite de l'exécution du chemin de fer au travers dudit périmètre, soit à cause des inhibitions prononcées à des travaux ordonnés par un arrêté préfectoral. (O. C. 8 avril 1831.)

· Une compagnie de chemin de fer,— dont la concession est d'ailleurs postérieure à l'établissement d'une mine, — qui pousse ses travaux dans le périmètre de la concession, sans que celle-ci ait été soumise à aucune réserve en faveur du parcours du chemin de fer, porte dès lors atteinte directe à l'exploitation de la mine ; elle se rend donc passible d'une indemnité, à évaluer à raison d'une éviction dont elle profite et d'une interdiction qui n'aurait pas été prononcée par l'autorité administrative, si cette voie nouvelle n'avait pas été établie. (C. C. 3 mars 1841, cité déjà tout à l'heure.)

— Dans les principes du droit commun, la compagnie du chemin de fer doit une indemnité pour dédommagement du préjudice dont elle est la cause, en frappant d'interdiction une circonscription de sol, — qui perd

sommateurs, les préfets, après avoir entendu les propriétaires,

ainsi tous les avantages que pouvait procurer l'exploitation de la mine, soit aux concessionnaires de cette mine, soit aux redevanciers propriétaires de la superficie.

Il importe peu que le chemin de fer ait son parcours non souterrainement, mais à ciel ouvert.

En effet, s'il est vrai que les concessionnaires d'une mine soient tenus d'en consolider le plafond et de ne rien faire qui puisse détruire la jouissance du propriétaire de la surface, il ne faut pas confondre avec cette obligation l'interdiction absolue d'exploiter sous un chemin ou un édifice, ou à une distance déterminée de l'un ou de l'autre. La contestation s'élevant, dans l'un et l'autre cas, entre les propriétaires de la surface, redevanciers de la mine, et un individu ou une entreprise, dans l'intérêt desquels l'interdiction d'exploiter a été prononcée, est une contestation purement civile, de la compétence des tribunaux ordinaires. Elle ne provoque que l'application des principes du droit commun ; elle n'est point en opposition avec les actes administratifs qui sont intervenus, et, au contraire, ces actes étant respectés et maintenus, elle a seulement pour objet d'en régler les conséquences et l'application aux intérêts privés. (C. C. 3 janvier 1853.)

L'article 11* du modèle de cahier des charges d'une concession de mines, annexé à la circulaire du 8 octobre 1843, règle d'ailleurs le cas où les travaux sont situés dans le voisinage d'un canal, d'un bassin, d'un cours d'eau, d'une route ou d'un chemin de fer.

— On sait qu'inversement tous les cahiers de charges des concessions de chemins de fer contiennent maintenant une clause ainsi conçue :

« ART...

« Si la ligne du chemin de fer traverse un sol déjà concédé pour l'exploitation d'une mine, l'administration déterminera les mesures à prendre pour que l'établissement du chemin de fer ne nuise pas à l'exploitation de la mine, et, réciproquement, pour que, le cas échéant, l'exploitation de la mine ne compromette pas l'existence du chemin de fer.

« Les travaux de consolidation à faire dans l'intérieur de la mine, à raison de la traversée du chemin de fer, et tous les dommages résultant de cette traversée pour les concessionnaires de la mine, seront à la charge de la compagnie. »

— Voir, pour le cas spécial de travaux ouverts dans une forêt domaniale ou communale, les articles 11³, 11⁴ et 11⁵ du modèle de cahier des charges d'une concession de mines, annexé à la circulaire du 8 octobre 1843.

— Voir, au sujet des obligations des copropriétaires d'une concession, l'article 7 de la loi du 27 avril 1838 et l'ordonnance du 18 avril 1842 ; voir

en rendront compte au ministre de l'intérieur pour y être pourvu ainsi qu'il appartiendra[1].

Art. 50. Si l'exploitation compromet la sûreté publique, la conservation des puits, la solidité des travaux, la sûreté des ouvriers mineurs ou des habitations de la surface, il y sera pourvu par le préfet, ainsi qu'il est pratiqué en matière de grande voirie, et selon les lois[2].

---

les articles I[1] et J du modèle d'ordonnance de concession de mines, annexé à la circulaire du 8 octobre 1843.

— Voir, au sujet des travaux dont un concessionnaire est tenu de souffrir l'exécution, l'article W du modèle de cahier des charges d'une concession de mines, annexé à la circulaire du 8 octobre 1843.

[1] Voir les articles 31 du décret du 18 novembre 1810, 8 et 9 du décret du 3 janvier 1813, 10 de la loi du 27 avril 1838, et K du modèle d'ordonnance de concession de mines, annexé à la circulaire du 8 octobre 1843.

[2] Voir les articles 30 du décret du 18 novembre 1810, 3, 4, 5 et 10 du décret du 3 janvier 1813, 9 de la loi du 27 avril 1838, l'ordonnance du 26 mars 1843 et la circulaire du 10 mai suivant, l'article N du modèle de cahier des charges d'une concession de mines, annexé à la circulaire du 8 octobre 1843.

Les mesures prises dans les circonstances prévues par l'article 50 devaient, d'après les dispositions du décret de 1813, être soumises à l'approbation du ministre; cette homologation n'est plus exigée par l'ordonnance du 26 mars 1843. L'administration supérieure n'aurait à intervenir que s'il y avait réclamation de la part des intéressés.

L'article 50 ne fait pas, et ne devait pas faire de distinction entre les constructions antérieures et les constructions postérieures à la date du décret qui a institué une concession de mines, sur le périmètre de laquelle ces constructions ont été élevées; les unes et les autres avaient droit, au même titre, à la sollicitude du législateur.

— Le droit de surveillance, réservé par cet article à l'autorité administrative, n'altère en rien le droit de propriété du concessionnaire, et ne lui impose pas l'obligation de subir la perte d'une partie de sa concession, pour la création d'un établissement nouveau, sans une juste indemnité. (C. C. 18 juillet 1837, cité déjà dans la partie de la note du titre V relative aux relations des mines et des chemins de fer.)

TITRE VI.

DES CONCESSIONS OU JOUISSANCES DES MINES, ANTÉRIEURES À LA PRÉSENTE LOI.

§ 1er. Des anciennes concessions en général.

Art. 51. Les concessionnaires antérieurs à la présente loi deviendront, du jour de sa publication, propriétaires incommutables, sans aucune formalité préalable d'affiches, vérifications de terrain ou autres préliminaires, à la charge seulement d'exécuter, s'il y en a, les conventions faites avec les propriétaires de la surface, et sans que ceux-ci puissent se prévaloir des articles 6 et 42 [1].

Art. 52. Les anciens concessionnaires seront, en consé-

[1] Voir les articles 4 et 6 de la loi de 1791, et la fin du § 2 *Généralités* de l'instruction ministérielle du 3 août 1810.

— Cet article s'applique également à ceux que les concessionnaires auraient substitués légalement à leurs droits; les droits acquis par eux sont spécialement reconnus par la législation générale sur les mines, législation fixée par la loi de 1810, et il n'est pas besoin de les reconnaître propriétaires des mines par un décret particulier. (Avis du conseil d'état du 19 mai 1812, approuvé par décret impérial du 15 juin suivant.)

— L'article 51 de la loi de 1810 ne pouvait s'appliquer aux héritiers d'un concessionnaire dont le titre était périmé au moment de la promulgation de cette loi. (O. C. 10 août 1825.)

— S'il n'a pas été transmis (antérieurement à 1810) par un concessionnaire à un tiers, la propriété d'une partie de mines, mais seulement le droit de les exploiter, moyennant une redevance annuelle, alors, n'y ayant pas eu de cession ni transmission des droits de propriété qu'avait ce concessionnaire, l'article 51 était sans effet vis-à-vis du tiers, à qui on n'avait

quence, soumis au payement des contributions, comme il est
dit à la section II du titre IV, articles 33 et 34, à compter de
l'année 1811.

§ 2. Des exploitations pour lesquelles on n'a pas exécuté la loi de 1791.

ART. 53. Quant aux exploitants de mines qui n'ont pas exécuté la loi de 1791, et qui n'ont pas fait fixer, conformément à
cette loi, les limites de leurs concessions, ils obtiendront les
concessions de leurs exploitations actuelles, conformément à la
présente loi; à l'effet de quoi les limites de leurs concessions

transféré qu'un droit de jouissance, et
non une concession.

La clause par laquelle le concessionnaire s'est obligé à faire jouir le
tiers de la prorogation de concession
qu'il solliciterait, et qui pourrait être
accordée, cessait d'avoir son effet lorsqu'il n'y avait plus de concession d'accordée : le concessionnaire était devenu propriétaire. (C. C. 31 juillet
1827.)

— En maintenant, par son article 51,
les concessions faites avant sa promulgation, et en déclarant les concessionnaires propriétaires incommutables de
leurs concessions, la loi de 1810 n'a
pas conservé aux propriétaires de la
surface la faculté qui résultait pour
eux de l'article 1er de la loi de 1791,
et ne leur a réservé que l'exécution
des conventions passées entre eux et
les concessionnaires.

Le droit ainsi attribué aux propriétaires de jouir des mines jusqu'à
100 pieds de profondeur avait besoin

lui-même, pour être exercé, d'être
régularisé par une permission. (O. C.
19 juillet 1843, citée déjà à l'article
28 de la loi.)

— En droit, l'article 51, en trans-
formant en un droit perpétuel de propriété les concessions temporaires accordées sous l'empire de la loi de 1791,
a dû nécessairement perpétuer les
rapports que les concessionnaires
avaient établis entre eux et des tiers,
associés à leur exploitation de la mine,
par des traités dans lesquels les parties
avaient déclaré vouloir étendre la
durée de ces rapports à la durée non-
seulement de la concession actuelle,
mais encore de ses renouvellements
ultérieurs. (C. C. 7 juillet 1852.)

— Voir, au sujet des substances
minérales qui, conformément à la loi
de 1791, étaient concédées, et que la
loi de 1810 n'a point laissées dans la
classe des mines, l'arrêté ministériel
du 28 janvier 1812, relatif à l'exploitation des terres pyriteuses et vitrio-

seront fixées sur leurs demandes ou à la diligence des préfets [1], à la charge seulement d'exécuter les conventions faites avec les propriétaires de la surface, et sans que ceux-ci puissent se prévaloir des articles 6 et 42 de la présente loi.

Art. 54. Ils payeront, en conséquence, les redevances, comme il est dit à l'article 52.

Art. 55. En cas d'usages locaux ou d'anciennes lois qui donneraient lieu à la décision de cas extraordinaires, les cas qui se présenteront seront décidés par les actes de concession ou par les jugements de nos cours et tribunaux, selon les droits résultant, pour les parties, des usages établis, des prescriptions légalement acquises, ou des conventions réciproques.

Art. 56. Les difficultés qui s'élèveraient entre l'administra-

liquès, — duquel il résulte que l'article 51 n'est point applicable à ces substances.

[1] Voir les articles 4 et 6 de la loi de 1791, 1 et 2 du décret du 3 janvier 1813, ainsi que les circulaires des 14 ventôse et 21 floréal an IV.

—L'administration ne peut être liée, nécessairement et à l'avance, par les désignations superficielles que font les titulaires d'anciennes concessions non délimitées, et c'est au souverain seul qu'il appartient de fixer les limites de la concession qui sera conservée.

— Les titulaires d'une ancienne concession ne pourraient prétendre à ce qu'on leur accordât autant de concessions qu'ils possédaient de centres d'exploitation en 1810; mais ils au-

raient droit, d'après les articles 4 et 5 de la loi de 1791 et l'article 53 de la loi de 1810, à ce que la concession primitive ne fût pas réduite au-dessous d'une étendue de six lieues carrées; à cet égard, la disposition de l'article 4 de la loi de 1791, qui porte que les anciennes concessions présentant une surface de plus de six lieues carrées seront réduites à ce maximum, en retranchant, sur la désignation des concessionnaires, les parties les moins essentielles aux exploitants, n'a point été abrogée par la loi de 1810, qui, au contraire, en assurant la propriété incommutable aux anciens concessionnaires, n'y a mis pour condition que de se conformer aux dispositions de la loi de 1791, et ne leur a imposé d'autre

tion et les exploitants, relativement à la limitation des mines, seront décidées par l'acte de concession.

A l'égard des contestations qui auraient lieu entre des exploitants voisins, elles seront jugées par les tribunaux et cours.

obligation que celle de comprendre dans leur délimitation définitive toutes celles de leurs exploitations qui étaient en activité en 1810. (Avis du comité de l'intérieur et du commerce du conseil d'état, du 5 novembre 1828.)

— Il a été reconnu, à propos d'une espèce particulière, que les articles 51 et 53, en ce qui concerne la disposition relative à la non-exécution des articles 6 et 42, n'étaient point applicables au cas où une ancienne concession était l'objet de réclamations sur lesquelles il n'avait point été statué au moment de la promulgation de la loi de 1810.

— Enfin on peut citer, comme curieuse à plusieurs égards, une ordonnance du 10 janvier 1816, qui,

Considérant « que les auteurs d'un demandeur, n'ayant satisfait ni aux formalités prescrites par l'arrêt de 1741 ni par la loi de 1791, n'ont pu lui transmettre aucun droit acquis à l'exploitation desdites mines; — qu'un autre demandeur a ouvert et commencé son exploitation sans titre légal; — que la concession ne peut être divisée; — que les auteurs du premier demandeur ont cependant joui de bonne foi et sans contestation à l'époque de la loi de 1810, »

Accorde la concession à ce premier demandeur, mais à la condition « d'indemniser, à dire d'experts convenus ou nommés d'office, son concurrent des travaux exécutés par lui et qui seront reconnus *utiles* à une bonne exploitation. »

TITRE VII.

RÈGLEMENTS SUR LA PROPRIÉTÉ ET L'EXPLOITATION DES MINIÈRES,
ET SUR L'ÉTABLISSEMENT DES FORGES, FOURNEAUX ET USINES.

SECTION Ire.

DES MINIÈRES [1].

ART. 57. L'exploitation des minières est assujettie à des règles spéciales.

Elle ne peut avoir lieu sans permission.

ART. 58. La permission détermine les limites de l'exploitation et les règles sous les rapports de sûreté et de salubrité publiques.

[1] Voir les articles 1 et 3 de la loi, ainsi que les §§ 3 *Généralités* et 5, 6 de la section A de l'instruction ministérielle du 3 août 1810, les §§ 2 et 3 du titre II du décret du 18 novembre suivant, le titre III du décret du 3 janvier 1813, les circulaires des 1er septembre 1814 et 30 juin 1819, la loi du 21 mai 1836, sur les chemins vicinaux (art. 14).

SECTION II.

DE LA PROPRIÉTÉ ET DE L'EXPLOITATION DES MINERAIS DE FER D'ALLUVION [1].

ART. 59. Le propriétaire du fonds sur lequel il y a du minerai de fer d'alluvion est tenu d'exploiter en quantité suffisante pour fournir, autant que faire se pourra, aux besoins des

[1] Voir l'article 3 de la loi et la deuxième des notes qui l'accompagnent, le § 5 de la section A de l'instruction ministérielle du 3 août 1810, la circulaire du 30 juin 1819 et l'article B[1] du modèle d'ordonnance de concession de mines, annexé à la circulaire du 8 octobre 1843.

— Il n'existe point de règlement général pour l'exploitation des minières de fer.

Le premier règlement spécial a été fait, pour le département du Cher, par un arrêté ministériel du 22 avril 1844 (Annales des mines, 4° série, t. V, p. 713); et l'administration, dans une circulaire du 17 avril 1845, a invité les préfets à examiner s'il ne serait pas facile d'appliquer ces dispositions réglementaires aux minières de fer de leur département.

Des règlements semblables ou analogues ont été établis, en conséquence, dans les départements dont les noms suivent, par des arrêtés ministériels dont on a cru devoir indiquer ici la date et l'endroit où ils se trouvent, dans les Annales des mines (4° série):

Mayenne. — 12 septembre 1845; t. VIII, p. 843.

Sarthe. — 26 juillet 1847; t. XII, p. 684.

Bas-Rhin. — 7 mars 1848; t. XIII, p. 746.

Ardennes. — 30 novembre 1848; t. XIV, p. 584.

Pas-de-Calais. — 11 mai 1849, t. XV, p. 602.

Côte-d'Or. — 26 mai 1849; t. XV, p. 636.

Nièvre.—23 janv. 1850; t. XVII, p. 679.

—Lors de l'application à d'autres départements du règlement concernant les minières du Cher, il a été ajouté à ses dispositions quelques clauses qu'il convient de mentionner ici, en les empruntant au règlement le plus récent.

L'article 3 de ce document, relatif à l'exploitation des minières de fer de la Nièvre, se termine ainsi :

«A cette déclaration sera joint un plan du terrain, en double expédi-

usines établies dans le voisinage[1] avec autorisation légale : en ce cas, il ne sera assujetti qu'à en faire la déclaration au préfet du département ; elle contiendra la désignation des lieux : le préfet donnera acte de cette déclaration[2], ce qui vaudra permission

tion, dressé à l'échelle de 0^m,002 pour 5 mètres (1/2 500), avec indication des tenants et aboutissants. »

Dans le même règlement, l'article qui termine le titre III est ainsi conçu :

« Si, à raison de circonstances particulières, il était reconnu qu'il y a lieu de modifier les règles relatives à l'exploitation, qui sont prescrites au présent titre, le préfet, sur le rapport de l'ingénieur des mines, et, s'il y a lieu, après avoir entendu l'exploitant, y apportera telles modifications qui seront jugées nécessaires. »

— Voir, au sujet des infractions de voirie, une note de la section des *Carrières*.

[1] De l'obligation imposée par l'article 59, au propriétaire du terrain, d'exploiter le minerai nécessaire aux usines du voisinage, résulte la conséquence que tout minerai extrait volontairement par le propriétaire est, de droit, supposé avoir la destination des usines du voisinage, et ne peut pas être refusé aux maîtres de forges : le propriétaire du terrain ne peut pas être admis à en disposer à leur préjudice. Une telle demande en délivrance de minerai *déjà extrait* est de la compétence judiciaire. (C. C. 13 novembre 1839, cité aussi à l'article 66.)

Cette distinction entre le minerai *extrait* et le minerai *non extrait* ne pa-

rait pas conforme à l'esprit de la loi de 1810, dont l'article 64 est absolu quant à l'attribution de juridiction. Dans les deux cas, la délivrance du minerai doit être réglée par l'autorité administrative, et non par l'autorité judiciaire. — Il est juste cependant d'observer que, dans l'espèce qui a donné lieu à cette sorte de déclaration de principe, un seul maître de forges se trouvait en présence du propriétaire. La cour régulatrice semble même indiquer, par la rédaction des motifs de son arrêt, qu'elle eût décidé autrement s'il se fût agi d'un cas de concurrence entre deux maîtres de forges.

— Voir, au sujet des questions de *voisinage*, l'arrêté ministériel du 30 juin 1837, et la circulaire y relative du 2 octobre suivant.

— Voir, au sujet des cessions de minières par les propriétaires du sol, l'arrêté ministériel du 12 juin 1837, et la circulaire y relative du 30 septembre suivant.

La cession du droit d'exploiter une minière peut même être faite sous forme d'enchères ; mais l'adjudication publique ne changera nécessairement en rien les relations qui sont rappelées dans cet arrêté du 12 juin 1837.

[2] Le préfet prescrit, dans l'acte qu'il donne au propriétaire de ces déclarations, toutes les mesures qui, sur le

pour le propriétaire, et l'exploitation aura lieu par lui sans autre formalité.

Art. 60. Si le propriétaire n'exploite pas, les maîtres de forges auront la faculté d'exploiter à sa place[1], à la charge, 1° d'en prévenir le propriétaire, qui, dans un mois, à compter de la notification, pourra déclarer qu'il entend exploiter lui-même; 2° d'obtenir du préfet la permission, sur l'avis de l'ingénieur des mines, après avoir entendu le propriétaire.

Art. 61. Si, après l'expiration du délai d'un mois, le propriétaire ne déclare pas qu'il entend exploiter, il sera censé renoncer à l'exploitation; le maître de forges pourra, après la permission obtenue, faire les fouilles immédiatement dans les terres incultes et en jachères, et, après la récolte, dans toutes les autres terres.

Art. 62. Lorsque le propriétaire n'exploitera pas en quantité suffisante, ou suspendra ses travaux d'extraction pendant plus d'un mois, sans cause légitime, les maîtres de forges se pourvoiront auprès du préfet pour obtenir la permission d'exploiter à sa place[2].

Si le maître de forges laisse écouler un mois sans faire usage de cette permission, elle sera regardée comme non avenue, et le propriétaire de terrain rentrera dans tous ses droits.

rapport des ingénieurs des mines, paraissent nécessaires pour la bonne exploitation des minerais, la sûreté des ouvriers et la salubrité publique. — Il en est de même pour la permission dont il est parlé aux articles 60 et 62.

[1] Les possesseurs d'usines régulièrement établies doivent seuls être admis à jouir des bénéfices de cette disposition, qui ne saurait être étendue arbitrairement, de manière à aggraver la servitude qu'elle fait peser sur les fonds où il existe des minerais.

[2] Voir la seconde note de l'article 59.

Art. 63. Quand un maître de forges cessera d'exploiter un terrain, il sera tenu de le rendre propre à la culture, ou d'indemniser le propriétaire [1].

Art. 64. En cas de concurrence entre plusieurs maîtres de forges pour l'exploitation dans un même fonds, le préfet déterminera, sur l'avis de l'ingénieur des mines, les proportions dans lesquelles chacun d'eux pourra exploiter, sauf le recours au conseil d'état.

Le préfet réglera de même les proportions dans lesquelles chaque maître de forges aura droit à l'achat du minerai, s'il est exploité par le propriétaire [2].

Art. 65. Lorsque les propriétaires feront l'extraction du minerai pour le vendre aux maîtres de forges, le prix en sera

[1] Voir la note de l'article 66.

[2] Le préfet doit prendre pour base de ce partage les besoins et les ressources de chacune des usines exploitées par chacun des concurrents. (A. C. 22 février 1850.)

— La question d'ancienneté des usines de ces concurrents n'est point à considérer, d'après l'esprit de la loi de 1810.

— Aucune disposition de la loi n'admet d'exception aux articles 59, 62 et 64, pour le cas où le propriétaire du fonds sur lequel il y a du minerai serait en même temps propriétaire d'un haut fourneau, et voudrait exploiter les minerais exclusivement à tout autre; dès lors, ce propriétaire n'a qu'un droit d'exploitation commun avec les maîtres de forges du voisinage.

S'il en était autrement, il dépendrait d'un propriétaire de fonds à minerai, sur lesquels est établi un haut fourneau, de rendre inutiles les usines voisines établies avec autorisation légale. (C. C. 23 mai 1838 et 9 février 1842.)

La jurisprudence du conseil d'état est identique. (O. C. 24 juillet 1845; A. C. 22 février 1850.)

Il n'est peut-être pas sans intérêt de remarquer que cette question de principe avait été résolue dans le même sens, sous l'ancienne monarchie, par deux arrêts contradictoires de la cour des aides, des 15 juillet 1687 et 7 mars 1698.

— Voir la première des notes qui accompagnent l'article 59.

réglé entre eux de gré à gré, ou par des experts choisis ou nommés d'office, qui auront égard à la situation des lieux, aux frais d'extraction et aux dégâts qu'elle aura occasionnés[1].

Art. 66. Lorsque les maîtres de forges auront fait extraire le minerai, il sera dû au propriétaire du fonds, et avant l'enlèvement du minerai, une indemnité qui sera aussi réglée par experts, lesquels auront égard à la situation des lieux, aux dommages causés, à la valeur du minerai, distraction faite des frais d'exploitation[2].

Art. 67. Si les minerais se trouvent dans les forêts impériales, dans celles des établissements publics ou des communes, la permission de les exploiter ne pourra être accordée qu'après avoir entendu l'administration forestière. L'acte de permission déterminera l'étendue des terrains dans lesquels les fouilles pourront être faites[3] : ils[4] seront tenus, en outre, de payer les dégâts occasionnés par l'exploitation, et de repiquer en

[1] Voir la note suivante.

[2] Du silence de la loi de 1810 sur le règlement des indemnités prévues par les articles 63, 65 et 66, et de l'absence de toute disposition attributive à une juridiction spéciale et exceptionnelle, résulte la conséquence de l'application du droit commun, qui soumet les citoyens à la juridiction générale des tribunaux ordinaires.

D'ailleurs, il y a juste sujet de distinguer les questions relatives à l'extraction, à l'exploitation des matières premières, indispensablement nécessaires aux usines, et les questions qui se résolvent en argent : les unes se réfèrent à l'avenir et sont attribuées à la haute administration; les autres se réfèrent au passé, à un fait accompli. (C. C. 13 novembre 1839, cité déjà à l'article 59.)

[3] Voir la circulaire du 16 décembre 1848.

[4] Ils (*les maîtres d'usines*); ces trois mots figuraient dans les rédactions qui ont précédé le texte définitif de l'article 67, comme faisant partie d'une disposition — finalement supprimée, sans qu'on songeât à remanier la forme du reste de l'article — qui interdisait aux *maîtres d'usines* de faire les fouilles et l'extraction des minerais dans l'étendue de plus d'un demi-hectare par année.

5.

glands ou plants les places qu'elle aurait endommagées, ou une autre étendue proportionnelle déterminée par la permission.

ART. 68. Les propriétaires ou maîtres de forges ou d'usines exploitant les minerais de fer d'alluvion ne pourront, dans cette exploitation, pousser des travaux réguliers par des galeries souterraines, sans avoir obtenu une concession, avec les formalités et sous les conditions exigées par les articles de la section 1re du titre III et les dispositions du titre IV.

ART. 69 [1]. Il ne pourra être accordé aucune concession pour minerai d'alluvion, ou pour des mines en filons ou couches, que dans les cas suivants :

1° Si l'exploitation à ciel ouvert cesse d'être possible, et si l'établissement de puits, galeries et travaux d'art, est nécessaire ;

---

[1] Voir la circulaire du 30 juin 1819, concernant les caractères auxquels se reconnaît une minière de fer, ainsi que les articles B[1], K[1] et O[3], O[4], O[5] des première et seconde annexes de la circulaire du 8 octobre 1843.

— Il résulte des termes mêmes de cet article, comme de ceux de l'article 70, que cette interdiction ne s'applique qu'au cas où il existerait, avant la concession d'une mine de fer, une exploitation à ciel ouvert et pouvant être continuée sans inconvénient.

Si un gisement de minerai constitue une mine en filons ou couches, et si son exploitation à ciel ouvert n'a pas été commencée antérieurement à l'acte de concession, il se trouve compris dans la concession, et l'autorité administrative ne peut, postérieurement à l'institution de cette concession, accorder aux propriétaires de la surface la permission de l'exploiter à ciel ouvert. (A. C. 13 août 1850.)

Avec la réserve de l'article B[1] du modèle des clauses à insérer dans les projets d'ordonnances de concessions de mines, l'interprétation donnée par le conseil d'état à la loi de 1810 ne portera aucun préjudice aux droits des propriétaires du sol ; mais cette réserve est désormais indispensable, tandis qu'elle ne l'est pas avec la jurisprudence opposée, qui avait été jusqu'alors celle de l'administration.

Dans le dernier des décrets de concession de mines de fer que repro-

2° Si l'exploitation, quoique possible encore, doit durer peu d'années, et rendre ensuite impossible l'exploitation avec puits et galeries.

Art. 70. En cas de concession, le concessionnaire sera tenu toujours :

1° De fournir aux usines qui s'approvisionnaient [1] de minerai

duisent les Annales des mines, auxquelles est empruntée la conclusion précédente, qui termine une appréciation de l'arrêt au contentieux du 13 août 1850 (4° série, t. XVIII, p. 563), — le premier paragraphe de cet article B[1] est ainsi rédigé :

« La présente concession ne s'applique qu'au minerai de fer exploitable par travaux souterrains réguliers. A l'égard du minerai, soit en filons, soit en couches, qui serait situé près de la surface et susceptible d'être exploité à ciel ouvert, il demeure à la disposition des propriétaires du sol, pourvu que son exploitation à découvert ne rende pas impossible, dans le présent ou dans l'avenir, l'exploitation par travaux souterrains des minerais situés dans la profondeur. »

— Voir la deuxième des notes qui accompagnent l'article 3 de la loi.

[1] On sait que les auteurs qui se sont occupés de la législation souterraine ont, au sujet de cette disposition, engagé une discussion qui roule, d'ailleurs, essentiellement sur une logomachie, et qui a été tranchée, comme il convient, par l'administration, dans l'article O[3] du modèle de cahier des charges d'une concession de mines, annexé à la circulaire du 8 octobre 1843. Il est facile de clore définitivement cette discussion.

Le texte du projet de loi, — corrigé de la main même de M. Regnaud (de Saint-Jean-d'Angely), tel qu'il a été adopté, le 7 avril 1810, par le conseil d'état et transmis, six jours après, au corps législatif; le procès-verbal *manuscrit* (original) de la séance du corps législatif du vendredi 13 avril 1810, l'original de la loi et le Bulletin des lois, — c'est-à-dire tous les textes vraiment officiels, — contiennent le mot *s'approvisionnaient;* mais le procès-verbal *imprimé* des séances du corps législatif (volume d'avril 1810, p. 185), porte *s'approvisionnEnaient.*

Il s'agit donc purement et simplement d'une erreur d'impression, qui a malencontreusement été reproduite par Locré (Législation sur les mines, p. 27), et, après lui, par la plupart des auteurs de traités sur la matière.

— On peut faire une observation du même ordre à propos de l'article 10 du décret du 3 janvier 1813.

Le Journal des mines (tome XXXIII, p. 191), également suivi par la plu-

sur les lieux compris en la concession la quantité nécessaire à leur exploitation, au prix qui sera porté au cahier des charges ou qui sera fixé par l'administration [1];

2° D'indemniser les propriétaires au profit desquels l'exploitation avait lieu, dans la proportion du revenu qu'ils en tiraient.

part des auteurs, a par erreur substitué aux deux mots *et minières* (que portent tous les textes officiels) ceux-ci : *en matières*, — qui changent complétement le sens de l'article.

[1] C'est au préfet, sur l'avis des ingénieurs des mines, qu'il appartient de statuer, en première instance, sur le prix des minerais; sauf ensuite le recours des parties devant l'autorité supérieure.

— Le gouvernement a le droit, lorsqu'il concède une mine de fer, d'insérer dans le cahier des charges de la concession, comme application des dispositions de la loi du 21 avril 1810, l'obligation pour le concessionnaire, fût-il lui-même maître de forges, de fournir du minerai aux usines régulièrement établies dans le voisinage, à la condition, par celles-ci, de payer le prix de ce minerai de gré à gré ou à dire d'experts.

Le recours contre la décision administrative prise pour l'exécution de cette clause n'est pas recevable par la voie contentieuse. (A. C. 16 novembre 1850.)

Voir, au sujet de cette espèce, l'article de jurisprudence publié dans les Annales des mines (4ᵉ série, t. XVIII, p. 565).

SECTION III.

DES TERRES PYRITEUSES ET ALUMINEUSES[1].

ART. 71. L'exploitation des terres pyriteuses et alumineuses sera assujettie aux formalités prescrites par les articles 57 et 58, soit qu'elle ait lieu par les propriétaires des fonds, soit par d'autres individus qui, à défaut par ceux-ci d'exploiter, en auraient obtenu la permission.

ART. 72. Si l'exploitation a lieu par des non-propriétaires, ils seront assujettis, en faveur des propriétaires, à une indemnité qui sera réglée de gré à gré ou par experts.

[1] Voir l'article 3 de la loi, le S 5 de la section A de l'instruction ministérielle du 3 août 1810 et l'arrêté ministériel du 28 janvier 1812.

— Le propriétaire d'une fabrique d'alun et de couperose légalement autorisée peut, en vertu de l'article 60 et de la section III du titre VII de la loi de 1810, puiser les terres pyriteuses et alumineuses dans tous les fonds qui les recèlent. La seule permission suffit à ce propriétaire pour établir ses droits à une exploitation dans les terrains qui ne lui appartiendraient pas.

SECTION IV.

DES PERMISSIONS POUR L'ÉTABLISSEMENT DES FOURNEAUX, FORGES ET USINES [1].

Art. 73. Les fourneaux à fondre les minerais de fer et autres substances métalliques, les forges et martinets pour ouvrer le fer

[1] Voir les §§ 8, 9, 10 et 11 de la section A de l'instruction ministérielle du 3 août 1810, les §§ 2 et 3 du titre II du décret du 18 novembre suivant, l'arrêté ministériel du 4 février 1811, les titres III et IV du décret du 3 janvier 1813, la circulaire du 1ᵉʳ septembre 1814, la loi du 21 mai 1836, la circulaire du 16 mai 1839, celle du 19 juin 1845 et la nomenclature y annexée des usines minéralurgiques.

Voir aussi les circulaires des 17 août et 18 décembre 1812. qui sont également relatives à la concession des mines et à l'autorisation des usines minéralurgiques, et la circulaire du 16 octobre 1852, dans ce qui y concerne les usines métallurgiques autres que les patouillets, bocards et lavoirs à mines.

— Voir spécialement, pour les usines destinées au traitement des produits des mines métalliques ou des mines de sels alumineux et vitrioliques, l'article Z¹ du modèle de cahier des charges d'une concession de mines, annexé à la circulaire du 8 octobre 1843.

— Voir, pour les usines destinées à l'élaboration du sel gemme ou au traitement des eaux salées, l'ordonnance du 26 juin 1830, le titre IV de l'ordonnance du 7 mars 1841 et la circulaire du 30 du même mois, l'article Z² du modèle de cahier des charges d'une concession de mines, annexé à la circulaire du 8 octobre 1843.

Il est de jurisprudence de laisser toute latitude aux propriétaires des salines relativement au nombre de poêles, à la condition qu'elles n'auront pas une surface d'évaporation totale plus grande que celle indiquée dans le titre de permission, — la consistance d'une saline étant déterminée par l'étendue superficielle, et non par le nombre des chaudières qui servent à l'évaporation des eaux salées.

— Voir, au sujet des usines minéralurgiques qui doivent être mises en mouvement par un cours d'eau, l'arrêté du directoire exécutif du 19 ventôse an VI, l'instruction ministérielle du 19 thermidor suivant, les circulaires des 16 novembre 1834 et 27 juillet 1852, qui indiquent les formalités

et le cuivre, les usines servant de patouillets[1] et bocards, celles
pour le traitement des substances salines et pyriteuses, dans

à remplir relativement au régime hydraulique.

— Une circulaire, du 20 février
1852, exige, dans l'instruction des demandes en autorisation de patouillets,
la seconde enquête prescrite par la circulaire du 16 novembre 1834. — On
pourrait évidemment prendre la même
mesure à l'égard des lavoirs.

— Cette seconde enquête n'est
prescrite par aucune loi, par aucun
règlement général d'administration
publique. L'administration l'a simplement recommandée, afin que tous les
intérêts eussent un moyen de plus de
se faire entendre; c'est une mesure
utile, sans doute, mais dont l'omission
ne pourrait être considérée comme
une cause de nullité.

Si on l'appliquait indistinctement
et sans nécessité absolue, il en résulterait des retards qu'il convient d'éviter. Ainsi, la seconde enquête pourrait être supprimée lorsque le régime
des eaux a été nettement défini dans
la première, lorsqu'il n'y a pas eu
d'opposition, lorsqu'enfin les ingénieurs des ponts et chaussées adoptent
le règlement que les pétitionnaires
ont eux-mêmes proposé. Les cas de
suppression sont du reste fort rares.

[1] La prohibition, portée par l'article
73, d'établir sans permission des usines
servant de *patouillets,* est générale et
absolue; elle comprend donc toute
espèce d'usines mobiles ou fixes, temporaires ou à demeure, et de quelques
matériaux qu'elles soient construites,
servant à laver la mine et à la débar-
rasser ainsi des terres dont elle est en-
veloppée. (C. C. 2 mai 1818 et 20 juin
1828.)

Trois autres arrêts de la cour de
cassation, des 23 janvier et 6 août
1829 et 2 avril 1830, constatent la
possibilité d'appliquer le titre X de la
loi aux infractions en matière de patouillets et *lavoirs.* — Le dernier reconnaît, en outre, qu'indépendamment
des peines portées par l'article 96, les
tribunaux ont le droit de faire détruire
les lavoirs dont l'existence n'est pas régulière. — Voir l'article 77.

— Quant aux dommages causés à des
riverains par un patouillet ou des lavoirs, la réparation peut être poursuivie devant les tribunaux, conformément aux articles 2, 15 et 16 du
titre II de la loi du 6 octobre 1791,
sur la police rurale, et au titre Ier du
livre II du code d'instruction criminelle.

— Voir, dans la circulaire du 16 octobre 1852, la modification apportée,
en matière de lavoirs en général et
de bocards, par le décret sur la décentralisation administrative.

En Algérie, le service des usines
minéralurgiques n'a point été décen-
tralisé par le décret du 30 décembre
1856, — qui n'a rangé dans les attributions du gouverneur général que l'au-

lesquelles on consomme des combustibles, ne pourront être

torisation des établissements insalubres (titre I", 10°).

—Malgré la confusion que tendrait
à établir, entre les diverses classes de
lavoirs à mines, la jurisprudence pénale de la cour de cassation, l'administration s'est toujours bornée à exiger, pour les lavoirs à cheval et à bras
(lesquels ne sont pas désignés dans
l'article 73 de la loi de 1810), les formalités prescrites pour les usines hydrauliques ordinaires. Indépendamment du règlement d'eau, elle intervient pour fixer les dispositions relatives à la clarification des eaux bourbeuses provenant du lavage des minerais.

— Voir, au sujet du mode actuel
d'instruction des demandes en autorisation de lavoirs à mines, la circulaire
précitée du 20 février 1852.

— Voir, relativement au curage des
bassins d'épuration des ateliers de
lavage du minerai en général, la circulaire du 30 mars 1838. Voir surtout, au sujet de l'épuration des eaux,
la circulaire du 20 février 1852 et les
deux modèles de formules y annexés,
où les bassins d'épuration sont indiqués comme obligatoires, l'un dans
l'hypothèse du chômage d'été, l'autre
dans l'hypothèse où le lavage serait
permis pendant toute l'année. Ces
deux modèles sont, d'ailleurs, identiques sauf la rédaction de l'article 5,
qui seul varie suivant les cas.

—Si le demandeur n'est pas maître
de forges, il ne peut obtenir la permission qu'il sollicite qu'autant qu'il
est propriétaire, ou aux droits du propriétaire du terrain sur lequel doivent
être établis l'atelier et ses dépen-
dances. — Les baux relatifs à ces terrains sont nécessaires à connaître pour
régler, sur leur durée, celle des permissions elles-mêmes et tout ce qui a
trait à l'entretien du système de clarification des eaux.

— Aux termes d'une circulaire du
22 août 1838, dans le cas de « lavoirs
portatifs ou permanents, soit à bras,
soit à manége, qu'un propriétaire établit sur son fonds, et dans lesquels il
n'emploie que des eaux pluviales, ou
des eaux d'une mare, ou des eaux
élevées d'un puits ou d'une source,
qui, étant ensuite absorbées dans des
puisards, ne s'écoulent pas au dehors
et n'occasionnent aucune filtration
dans les propriétés voisines, » — l'exploitant n'est tenu ni à se munir d'une
permission, ni même à faire une déclaration.

—L'administration a reconnu qu'en
général les lavoirs à minerai de fer,
alimentés par des eaux non courantes,
soit portatifs, soit permanents, munis
de bassins d'épuration en relief sur le
sol et qui absorbent toutes les eaux
ayant servi au lavage, ne doivent
donner lieu à aucune mesure réglementaire, et qu'il n'y a aucun motif de
les classer parmi les établissements
dangereux, insalubres ou incommodes.

établis que sur une permission accordée par un règlement d'administration publique[1].

Si, pour les propriétaires voisins, des dégâts résultent de l'installation de semblables ateliers, c'est uniquement aux tribunaux ordinaires qu'il appartient de statuer sur les plaintes que pourraient élever ces propriétaires.

Quant à ce qui concerne la salubrité publique, c'est aux maires des communes intéressées à prescrire, conformément aux lois de police, les mesures que les circonstances exigeraient.

— Le *relavage* du minerai produisant très-peu de matières terreuses ou sableuses, on peut regarder les ateliers servant à une telle préparation comme de simples accessoires des usines près desquelles ils sont établis, et une autorisation spéciale n'est pas non plus nécessaire pour leur installation.

[1] C'est-à-dire par un décret impérial rendu en conseil d'état; le § 8 de la section A de l'instruction ministérielle du 3 août 1810 semble ne pas supposer cette formalité essentielle.

Il n'y a guère à signaler, au point de vue minéralurgique, dans la formule habituelle des décrets de permission, que la clause, — applicable aux hauts fourneaux seulement, — aux termes de laquelle le permissionnaire doit tenir ces feux en activité constante, et ne peut les laisser chômer sans cause reconnue légitime.

— Voir, dans les notes des articles 27 et 28, les principes suivis par le conseil d'état en matière de concessions de mines; la jurisprudence est identique à l'égard des permissions d'usines.

Il y a seulement lieu de rappeler le triple rejet d'une opposition à l'autorisation d'établir une forge à fer, fondée sur l'insuffisance des bois dans la contrée, en raison des phases que l'affaire a présentées. Cette opposition ayant été rejetée tout d'abord par l'ordonnance qui avait accordé l'autorisation, elle fut introduite de rechef sous la forme d'un recours contre l'arrêté préfectoral qui, dans l'instruction, l'avait déclarée non recevable. Une ordonnance au contentieux, du 21 mars 1821, n'admit pas ce recours et renvoya les opposants à se pourvoir par la voie gracieuse, conformément à l'article 40 du décret du 22 juillet 1806. L'opposition, renouvelée alors avec plus d'insistance sous cette dernière forme, fut définitivement rejetée par une ordonnance du 10 juillet 1822, basée sur ces considérations:

«Que les opposants remettent en question une chose déjà décidée et sur laquelle il n'y a plus à revenir;

«Qu'ils sont, d'ailleurs, sans qualité pour juger des actes par lesquels l'administration des forêts remplit les attributions qui lui sont données par la loi de 1810;

«Qu'il résulte des termes mêmes de leur requête qu'ils ne s'appuient pas

Art. 74. La demande en permission sera adressée au préfet, enregistrée le jour de la remise sur un registre spécial à ce destiné, et affichée pendant quatre mois dans le chef-lieu du département, dans celui de l'arrondissement, dans la commune

sur des droits privés que l'ordonnance attaquée par eux aurait lésés, seul cas dans lequel une requête peut être présentée régulièrement au souverain.... »

— L'arrêt du conseil du 9 août 1723 a été remplacé par l'article 73 de la loi de 1810. On ne peut chercher de sanction aux prohibitions contenues dans cet article que celle du titre X de la même loi. Les articles 77 et 95 ne confèrent de compétence pour la poursuite qu'aux magistrats du ministère public. (C. C. 16 août 1838.)

— L'autorité qui, d'après les dispositions de la loi de 1810, a le droit d'accorder la permission d'ouvrir des fourneaux, a également la faculté d'en suspendre l'usage, quand elle a fait constater que les propriétaires ont encouru la déchéance. (D. C. 29 décembre 1812.) Voir l'article 77.

— Les articles 77 et 95 ont spécialement chargé les tribunaux correctionnels de la connaissance des contraventions aux permissions accordées par l'autorité administrative pour l'établissement des.... forges et martinets à ouvrer le fer et le cuivre; d'où il suit que les dispositions de l'article 13 du titre II de la loi du 24 août 1790 et du décret législatif du 16 fructidor

an III ne s'opposent, ni à l'interprétation de ces permissions, ni à l'examen des contraventions aux conditions sous lesquelles ces permissions ont été accordées. (C. C. 12 mars 1841, cité aussi à l'article 77 et au titre X.)

— De même que l'article 2, l'article 73 est purement énonciatif. Voir la nomenclature du 19 juin 1845.

— Le § 8 de la section A de l'instruction ministérielle du 3 août 1810 se sert, au lieu du mot *établis* de l'article 73 de la loi, des mots *en activité*. Cette interprétation est rationnelle : chacun étant libre de bâtir sur sa propriété, un particulier peut élever sur son terrain un bâtiment quelconque; il ne nuit en cela à personne et use simplement de son droit de propriétaire. Il n'y aurait, de sa part, contravention que s'il construisait des ouvrages sur le cours d'eau auquel il devra emprunter la force motrice de l'usine qu'il veut installer dans ce bâtiment, ou s'il mettait cette usine en roulement sans autorisation. Il est bien entendu seulement que les dépenses ainsi faites ne constituent aucun droit à cette autorisation; si, en définitive, elle lui est refusée, le pétitionnaire ne devra imputer qu'à lui-même le dommage qu'il en éprouvera.

où sera situé l'établissement projeté, et dans le lieu du domicile du demandeur[1].

Le préfet, dans le délai d'un mois, donnera son avis, tant sur la demande que sur les oppositions et les demandes en préférence qui seraient survenues; l'administration des mines donnera le sien sur la quotité du minerai à traiter; l'administration des forêts, sur l'établissement des bouches à feu en ce qui concerne les bois, et l'administration des ponts et chaussées, sur ce qui concerne les cours d'eau navigables ou flottables[2].

[1] Comme on voit, l'article 74 ne prescrit pas expressément les publications; mais, en fait, on observe généralement les règles fixées à cet égard par le § 8 de la section A de l'instruction du 3 août 1810.

— Voir les circulaires des 30 avril 1812 et 28 février 1819.

— Des établissements situés dans la même localité, mais qui sont indépendants l'un de l'autre, ne doivent pas être compris dans la même instance. Il n'y a aucune parité à établir entre des demandes en concession de mines et des demandes en permission d'usines. Dans le premier cas, comme il s'agit de disposer d'un seul et même terrain, plusieurs demandes peuvent figurer dans une affiche unique et être confondues dans la même instruction; au contraire, s'il est question d'usines différentes qui n'ont point de rapports entre elles, il est indispensable d'appliquer à chaque usine des formalités distinctes : la circonstance que les usines appartiendraient à un même propriétaire est, d'ailleurs, tout à fait indifférente.

[2] Dans le cas où l'usine se trouve dans le rayon des douanes, l'acte de permission porte ordinairement une clause spéciale, conçue à peu près en ces termes :

« Les permissionnaires seront tenus d'avoir un compte ouvert au bureau de la douane de....., et ils se soumettront à l'exercice des employés des douanes, sans que ceux-ci soient obligés de se faire accompagner d'un officier municipal. »

Le droit d'intervention, que l'administration des douanes tient des lois des 22 août 1791 (articles 37 et 41 du titre XIII) e. 30 avril 1806 (art. 75), ne s'étend qu'aux communes ayant une population agglomérée moindre de 2,000 âmes.

Voir aussi le § 9 du tableau B annexé à l'article 2 du décret sur la décentralisation administrative, qui attribue aux préfets, sur l'avis conforme du directeur des douanes, les autorisations des fabriques et ateliers dans le rayon des douanes.

— On peut citer encore le cas spécial d'une usine à établir sur un terrain

Art. 75. Les impétrants des permissions pour les usines supporteront une taxe une fois payée, laquelle ne pourra être au-dessous de 50 francs, ni excéder 300 francs[1].

soumis aux servitudes militaires; elle est alors régie par la loi du 17 juillet 1819, sur les servitudes imposées à la propriété pour la défense de l'état, par l'ordonnance royale du 1er août 1821, fixant le mode d'exécution de cette loi, et par la circulaire adressée aux préfets, le 30 janvier 1822, par le directeur général des ponts et chaussées et des mines : le chef du génie militaire est entendu dans l'instruction, qui a lieu, d'ailleurs, suivant les règles établies en matière d'usines.

[1] Les usines à sel ne sont pas assujetties à cette taxe. (Circulaire du 30 mars 1841.)

La taxe fixe est inhérente à l'existence même de la permission, et le bénéfice de cette permission n'est complet, en quelque sorte, que lorsque la charge imposée en faveur du trésor public est acquittée. — Le payement concerne les receveurs généraux, aux-quels le ministre des finances fait, sous ce rapport, une notification spéciale des décrets portant autorisation d'établir ou de maintenir des usines.

Pour qu'un industriel, qui ne profite pas de son titre de permission, soit affranchi de la taxe fixe, et qu'on ne puisse, d'un autre côté, se prévaloir plus tard de l'autorisation accordée, il convient qu'elle soit rapportée.

— Il n'y a pas lieu de stipuler le payement de cette taxe pour les usines vendues nationalement, ni pour celles qui sont pourvues d'une ancienne permission et qu'il s'agit seulement de régulariser au point de vue du régime des eaux.

— L'article 75 n'est évidemment point applicable aux lavoirs à cheval et à bras; cela résulte clairement de ce qui vient d'être dit dans la note y relative qui accompagne l'article 73 de la loi.

SECTION V.

DISPOSITIONS GÉNÉRALES SUR LES PERMISSIONS.

Art. 76. Les permissions seront données à la charge d'en faire usage dans un délai déterminé; elles auront une durée indéfinie, à moins qu'elles n'en contiennent la limitation[1].

Art. 77. En cas de contraventions, le procès-verbal dressé par les autorités compétentes sera remis au procureur impérial, lequel oursuivra la révocation de la permission[2], s'il y a lieu, et l'application des lois pénales qui y sont relatives[3].

Art. 78. Les établissements actuellement existants sont main-

---

[1] Conformément à cet article, il n'est pas nécessaire au propriétaire actuel de lavo'rs à mines, établis régulièrement par son auteur, de se pourvoir d'une autorisation nouvelle pour en continuer l'exploitation. (O. C. 21 juin 1839.)

C'est évidemment à tort que l'article 76 est invoqué dans cette ordonnance, puisque l'établissement des lavoirs, autres que les patouillets, n'est pas réglé par la loi de 1810; mais l'abrogation, en ce qui concerne les usines hydrauliques, de l'arrêté du 3 nivôse an VI, résulte implicitement de cette ordonnance : le principe, pour n'être pas aussi formellement exprimé, par la loi de 1810, qu'à l'égard des mines (voir l'article 7),

est évidemment sous-entendu par toutes les dispositions relatives aux usines minéralurgiques.

[2] Un arrêt de la cour de cassation du 16 janvier 1830 offre un exemple d'une révocation de permission prononcée par l'autorité judiciaire. Il s'agissait d'un patouillet, dont le permissionnaire avait notamment omis de construire un bassin d'épuration, prescrit par l'ordonnance d'autorisation.

On ne peut se dissimuler que cette révocation d'actes de l'autorité administrative par l'autorité judiciaire est tout à fait contraire au principe fondamental de la séparation des pouvoirs.

[3] Ici se pose la question délicate de la répression des contraventions en

tenus dans leur jouissance, à la charge par ceux qui n'ont jamais eu de permission, ou qui ne pourraient représenter la permission obtenue précédemment, d'en obtenir une avant le

matière d'usines minéralurgiques. La jurisprudence du conseil d'état ne jette nécessairement aucun jour sur cette question, et la jurisprudence de la cour de cassation est insuffisante pour constituer un système définitif à cet égard, si on s'arrête aux variations qu'elle présente. En effet, les arrêts suivants constatent la longue incertitude, en cette matière, de la cour régulatrice.

1° Les bassins d'épuration d'un patouillet se remplissant par suite d'un défaut de curage, il en résulte, pour les propriétés voisines, une inondation d'eaux boueuses. L'usinier avait négligé de se conformer aux conditions prescrites par l'ordonnance qui avait permis l'établissement de ce patouillet.

«Dès lors, — dit la cour (23 janvier 1829), en cassant le jugement d'un tribunal qui avait appliqué l'article 457 du code pénal, — il existait une contravention à un acte portant règlement *pour les concessionnaires sur le fait des mines* (voir le commencement de la note qui accompagne le titre X). Cette contravention est prévue par l'article 93 de la loi de 1810, et doit être punie des peines portées en l'article 96.»

2° Un usinier fait fonctionner un bocard sur un ruisseau, contrairement à une ordonnance réglementaire spéciale (rendue en exécution de l'ar-

ticle 2 de la loi du 14 floréal an XI, relative au curage des canaux et rivières non navigables, etc.), qui prescrivait la cessation des travaux des bocards jusqu'à ce qu'une autorisation régulière eût été obtenue.

«Ce fait constituait, dit alors la cour (27 janvier 1837), une contravention à une ordonnance légale et obligatoire pour les tribunaux, punie et réprimée par l'article 471, n° 15, du code pénal.»

3° «L'application de la loi de 1810 ne peut être restreinte aux cours d'eau navigables et flottables, puisque, dans sa prévision, cette loi a embrassé tous les établissements annexes des forges qui ont pour objet l'ouvrage du fer et du cuivre; et le législateur a voulu proportionner la peine à l'importance de ces établissements, et au profit qu'ils tireraient de leur contravention par l'usage des moteurs à eux concédés.» (C. C. 12 mars 1841, cité déjà à l'article 73.)

En cette occurrence, il semble juste et rationnel d'établir *à priori* une distinction entre les contraventions qui peuvent être commises en matière d'usines minéralurgiques. Il paraît équitable d'appliquer aux infractions au régime *minéralurgique* le titre X de la loi de 1810, et de punir les infractions au régime *hydraulique* des peines édictées par les lois spéciales.

1er janvier 1813, sous peine de payer un triple droit de per-

La formule adoptée par l'administration pour les décrets de permission d'usines minéralurgiques, et les modèles de formules d'arrêtés préfectoraux d'autorisation des patouillets et bocards (voir la note qui accompagne l'article 73 de la loi), ne sont point, il convient de le rappeler, en contradiction avec la distinction proposée. La première se borne à dire : « Les contraventions de toute nature seront d'ailleurs poursuivies conformément à l'article 77 de la loi du 21 avril 1810. » Les seconds contiennent la même phrase, — où, pour les lavoirs, les mots à *l'article 77, etc.* sont remplacés par ceux-ci : *aux lois et règlements.* Ces formules se réfèrent donc, en définitive, purement et simplement à l'article 77 ; or il est permis de supposer que, si le législateur avait eu l'intention de réprimer par le titre X les contraventions de toute nature, il l'eût dit et n'eût point parlé de *l'application des lois pénales y relatives.* Ce membre de phrase semble, au contraire, impliquer une distinction entre les diverses contraventions.

Il importe d'ajouter, en terminant, que la cour suprême, dans le dernier arrêt qu'elle a rendu sur la matière, a nettement introduit cette distinction, car elle a dit :

« Parmi les contraventions qui peuvent être commises par les propriétaires ou fermiers d'usines établies sur des cours d'eau, il faut distinguer celles qui consistent dans la jouissance abusive ou la trop grande élévation des eaux, cause de dommage pour les propriétés voisines, et ne point les confondre avec les contraventions qu'on doit considérer comme des infractions aux obligations particulières imposées aux propriétaires de fourneaux à fondre les minerais de fer et autres substances métalliques, de forges, martinets et usines servant de patouillets et bocards, soit que ces propriétaires aient créé des établissements de cette nature avant d'avoir obtenu la permission de l'autorité compétente, soit qu'ils y aient fait des changements non autorisés, ou qu'enfin ils aient violé, d'une manière quelconque, les conditions sous lesquelles cette autorisation leur avait été accordée.

« De ces deux espèces de contraventions, les premières sont soumises aux dispositions de droit commun, ayant pour objet la police rurale et la protection des propriétés publiques et privées, et devant trouver, suivant les cas, leur sanction pénale dans l'article 15 du titre II de la loi du 6 octobre 1791 et dans l'article 457 du code pénal.

« Les secondes sont régies par les dispositions spéciales de la loi du 21 avril 1810, et punies des peines établies par cette loi, ainsi qu'il résulte de la combinaison des articles 73, 77, 93 et 96. » (C. C. 5 décembre 1844.)

6.

mission, pour chaque année pendant laquelle ils auront négligé
de s'en pourvoir et continué de s'en servir[1].

[1] Voir les circulaires des 3o avril
1812 et 28 février 1819.

— Les dispositions de l'article 78
ne font point obstacle à l'exercice du
droit qu'a l'administration, aux termes
des lois des 20 août 1790 et 6 octobre
1791, de régler le régime des eaux
des usines de manière à ce qu'il n'en
résulte préjudice pour personne, et
de n'autoriser le maintien des établissements de cette nature, situés sur les
cours d'eau, que sous les conditions
qu'elle juge propres à prévenir ou faire
cesser tout dommage public.

La question de savoir si d'autres mesures peuvent et doivent être substi-
tuées à celles que prescrit une ordonnance d'autorisation, ne saurait être
soumise au souverain par la voie contentieuse. (O. C. 1er juillet 1839.)

—L'article 78 forme un droit spécial pour les forges et usines métallurgiques existantes lors de la promulgation de la loi de 1810, et pour leurs
propriétaires.

En les présumant dûment autorisées, cet article n'a soumis ces
propriétaires qu'à l'obligation qu'il
édicte.

Il n'ajoute pas à la sanction du triple
droit la peine de contravention prévue
par les dispositions générales de la loi.

On ne peut assimiler ce triple droit
aux amendes prononcées en cas de
contravention aux dispositions générales de ladite loi.

D'ailleurs, sans recourir à ces dispositions pénales, étrangères au cas
prévu par ledit article 78, de l'obligation d'une nouvelle permission
résulte, virtuellement, mais nécessairement, pour le gouvernement, le
droit de régler les conditions de police
inhérentes à ce genre d'usines, et de
vaincre, par des mesures administratives, la résistance qui lui serait opposée. (C. C. 25 juin 1842.)

— Des augmentations ou modifications apportées à une usine, dont l'installation a été autorisée par un ancien
règlement, constituent un établissement nouveau, pour lequel le propriétaire est tenu de se pourvoir d'une
nouvelle permission, ce qui le soumet
à la taxe prononcée par l'article 75.
(O. C. 2 février 1846).

— S'il est constaté qu'une ancienne
usine, pour laquelle un titre de permission est demandé en exécution de
l'article 78, a exactement la même
consistance qu'au moment où la loi
est intervenue, il est inutile de consulter l'administration forestière, lorsqu'on fait usage de bois, — l'existence
de l'usine étant consacrée par ledit article et la question de consommation
de combustible se trouvant résolue
par avance.

— D'après une jurisprudence constante, pour les usines vendues nationalement et dont on demande la ré-
gularisation, les formalités de publi-

Art. 79. L'acte de permission d'établir des usines à traiter le fer autorise les impétrants à faire des fouilles même hors de leurs propriétés, et à exploiter les minerais par eux découverts, ou ceux antérieurement connus, à la charge de se conformer aux dispositions de la section II.

Art. 80[1]. Les impétrants sont aussi autorisés à établir des

cité prescrites par la loi de 1810 ne sont pas remplies; mais toutes celles exigées par les règlements hydrauliques doivent l'être. On conçoit, en effet, que, si la vente nationale est un titre qui garantit le maintien de la consistance d'une usine, cette vente ne garantit nullement le régime des eaux, qui peut toujours être modifié dès qu'il y a dommage pour les tiers. — Voir d'ailleurs la note qui accompagne l'article 75.

[1] Le droit conféré, par l'article 80, aux propriétaires de forges, d'établir leurs patouillets et lavoirs sur la propriété d'autrui, ne peut être exercé qu'autant qu'ils ont obtenu l'autorisation d'établir ces patouillets et lavoirs, selon les formes prescrites par les articles 73 et 74. (O. C. 16 février 1826, — citée seulement pour le principe de l'autorisation, mais en signalant la confusion habituelle entre les patouillets et les *lavoirs*.)

— L'article 80 ne parle des patouillets que les impétrants sont autorisés à établir que pour régler l'exercice de cette faculté et ses conditions sur le terrain d'autrui; il ne dit pas que, pour construire ces patouillets, soit sur ce terrain d'autrui, soit sur le sien propre, on soit dispensé de se pourvoir d'autorisation, et n'a nullement pour objet d'établir une exception au principe général de l'article 73, d'après lequel aucuns travaux de ce genre ne peuvent être faits sans la permission du gouvernement, prohibition d'ailleurs conforme aux principes qui régissent les usines à établir sur les cours d'eau et rivières, même non navigables ni flottables. Les motifs les plus impérieux d'intérêt public s'élèvent pour le maintien d'une règle aussi salutaire, laquelle est établie par l'article 73, en termes absolus, et journellement appliquée par le gouvernement. (C. C. 26 mai 1831, cité aussi aux titres IX et X.)

— Bien que l'article 80 n'ait pas mentionné les bassins d'épuration, il est évident que leur construction y est sous-entendue, puisqu'ils sont des parties intégrantes et indispensables des patouillets et lavoirs.

De plus, quoique l'exécution de l'article 80 ne soit pas nominativement attribuée aux préfets dans le tableau D annexé au décret sur la décentralisation administrative, c'est à eux qu'il

patouillets, lavoirs et chemins de charroi, sur les terrains qui

appartient de statuer sur une demande en autorisation d'occuper temporairement un terrain pour y établir des bassins d'épuration. Il s'agit là d'une demande accessoire à l'établissement d'un patouillet ou d'un lavoir, et le décret attribue aux préfets les décisions à prendre en cette matière. (Voir la note qui accompagne l'article 73.)

— La faculté ainsi accordée aux maîtres de forges, exploitant des usines légalement autorisées, d'établir sur les terrains d'autrui leurs patouillets, lavoirs et annexes, ne peut s'exercer qu'en vertu d'un acte administratif, rendu dans la même forme que les actes de permission de ces ateliers. A l'administration seule, en effet, il peut appartenir de décider si les terrains dont l'occupation est demandée sont indispensables, si l'emplacement est bien choisi. La même enquête peut parfaitement servir aux deux fins, à la condition que l'affiche en fasse mention expresse et formelle.

Dans le cas d'opposition de la part des propriétaires du sol, l'arrêté du préfet doit être soumis au ministre.

Quant au mode à suivre pour le règlement des indemnités à payer annuellement au propriétaire du sol, pour l'occupation de son terrain, la loi ne s'en est point expliquée, et, dans le silence de la loi, ce règlement doit rentrer dans les attributions des tribunaux ordinaires.

Le délai d'un mois, pour l'avis à donner par l'usinier au propriétaire du terrain à occuper, n'a rien de commun avec le délai de l'enquête qui précède les autorisations à accorder. Il faut qu'avant de s'établir sur le terrain qui ne lui appartient pas, l'usinier en prévienne par acte extrajudiciaire le propriétaire, pour que celui-ci puisse faire ses dispositions en conséquence; c'est le délai dont ce propriétaire a besoin à cet effet que prévoit l'article 80.

— Enfin, pour les chemins de charroi nécessaires au service des forges, c'est encore, et par la même raison, à l'administration qu'il appartient de connaître des demandes en occupation des terrains qu'exige leur établissement. Il paraît convenable qu'on exécute les dispositions de l'article 60 de la loi de 1810, l'article 79, dont les dispositions se lient à celles de l'article 80, renvoyant à la section II du titre VII pour des priviléges conférés aux maîtres de forges. L'autorisation sera, en conséquence, accordée par le préfet, sur l'avis de l'ingénieur des mines, et le propriétaire du sol entendu.

Un avis du conseil d'état, en date du 26 avril 1838, porte «que les dispositions de l'article 80 ne sont pas applicables aux chemins de fer destinés à servir à l'exploitation des usines à fer:»

Par la raison «qu'en donnant aux usiniers la faculté d'établir des chemins de charroi sur les terrains qui ne ne leur appartiennent pas, mais sous les restrictions portées en l'article 11[1]; le tout à charge d'indemnité envers les propriétaires du sol, et en les prévenant un mois d'avance.

leur appartiennent pas, l'article 80 n'a évidemment créé qu'un droit de passage temporaire;

« Qu'en effet le terme d'*indemnité*, employé dans cet article, démontre que le législateur n'a eu en vue qu'un abandon momentané de jouissance de terrain en faveur des usiniers;

« Qu'une occupation de terrain temporaire, et essentiellement limitée au besoin qui la motive, ne peut se concilier avec la nature des travaux que nécessite l'exécution d'un chemin de fer. »

— C'est ici le lieu de mentionner un arrêté ministériel du 2 juillet 1811, pris à la suite de difficultés qu'un maître de forges du département des Ardennes éprouvait, de la part d'un propriétaire, à s'approvisionner de castine. Bien que rendu dans une espèce particulière, cet arrêté dispose d'une manière générale.

Le ministre de l'intérieur, y considérant:

« Que la loi de 1791 n'avait dérogé à l'arrêt du conseil d'état du 20 juin 1631 qu'en ce qui concernait l'extraction du minerai de fer, dont la valeur était payable au propriétaire du terrain, en outre des dommages causés à la surface par cette extraction;

« Et que celle de 1810 ne contient, relativement à la castine, aucune disposition contraire à celle dudit arrêt; que conséquemment les dispositions de cet arrêt, en ce qui touche l'extraction de la castine seulement, sont applicables à tous les maîtres de forges de l'empire, et qu'il doit recevoir, à cet égard, son exécution; »

Arrête qu'il est permis « aux maîtres de forges de tirer castines, en tous les lieux et endroits où ils trouveront leur commodité, pour l'usage de leursdits forges et fourneaux, en dédommageant les propriétaires de la valeur du dessus de leurs terres seulement.... »

[1] Voir la note qui accompagne cet article.

Lorsqu'un maître de forges est propriétaire, ou substitué à un titre quelconque aux droits du propriétaire du terrain sur lequel il demande à établir des ateliers de lavage, aucune distance ne lui est prescrite. Nulle part la loi de 1810 n'a dit que les bocards, patouillets ou lavoirs ne pourraient être construits qu'à une certaine distance des propriétés voisines, si ce n'est dans le cas déterminé par l'article 80, où il s'agit uniquement de leur établissement sur le terrain d'autrui

TITRE VIII.

SECTION Ire.

DES CARRIÈRES [1].

ART. 81. L'exploitation des carrières à ciel ouvert a lieu sans

[1] Voir les articles 1 et 4 de la loi, les SS 4 *Généralités* et 7 de la section A de l'instruction ministérielle du 3 août 1810, l'article 40 du décret du 18 novembre suivant, le décret du 3 janvier 1813 et l'ordonnance du 26 mars 1843 (pour les carrières souterraines), la circulaire du 1er septembre 1814 et la loi du 21 mai 1836. Voir aussi l'article 144 du code forestier.

— L'inspection des ingénieurs des mines doit s'exercer, quels que soient la destination d'une carrière exploitée et les ouvriers qui y sont employés.

— Tous les cahiers de charges des concessions de chemins de fer contiennent maintenant une clause ainsi conçue :

« ART...

« Si le chemin de fer doit s'étendre sur des terrains renfermant des carrières ou les traverser souterrainement, il ne pourra être livré à la circulation avant que les excavations qui pourraient en compromettre la solidité n'aient été remblayées ou consolidées. L'administration déterminera la nature et l'étendue des travaux qu'il conviendra d'entreprendre à cet effet, et qui seront d'ailleurs exécutés par les soins et aux frais de la compagnie du chemin de fer. »

Cette disposition doit être rapprochée de l'article II² du modèle de cahier des charges d'une concession de mines, annexé à la circulaire du 8 octobre 1843, et de la disposition analogue qui est rappelée en note du titre V, à la fin du passage consacré aux relations des mines et des chemins de fer.

— Il n'existe point de règlement général pour l'exploitation des carrières.

Il a seulement été fait, dans les départements dont les noms suivent, des règlements spéciaux dont on a cru devoir indiquer ici la date et l'endroit où ils se trouvent dans le Journal des mines (pour les quatre premiers) ou les Annales des mines :

Seine, Seine-et-Oise. — 22 mars 1813;

permission, sous la simple surveillance de la police, et avec l'observation des lois ou règlements généraux ou locaux.

t. XXXIII, p. 353. Décret impérial (carrières souterraines de toute nature).

Seine, Seine-et-Oise. — 22 mars 1813; t. XXXIII, p. 365. Décret impérial (carrières de pierre à plâtre).

Seine, Seine-et-Oise. — 4 juillet 1813; t. XXXIV, p. 144. Décret impérial (carrières de pierre calcaire).

Seine, Seine-et-Oise. — 21 octobre 1814; t. XXXIV, p. 459. Ordonnance royale (crayères et marnières).

On citera aussi, pour le département de Seine-et-Oise, un arrêté ministériel du 20 février 1830, approuvant un règlement préfectoral du 23 juin 1828, pour les carrières à ciel ouvert.

— Aux termes d'un article de ces trois décrets de 1813 et de l'ordonnance de 1814, le ministre de l'intérieur peut, sur la demande des préfets et sur le rapport du directeur général des mines, étendre les dispositions du règlement annexé à chacun de ces actes, dans les localités où le nombre et l'importance des carrières exploitées en rendent l'application nécessaire. Cette mesure n'a été prise que pour les trois premiers des départements qui suivent :

Seine-et-Marne. — 5 avril 1822 (règlement général du 22 mars 1813).

Oise. — 27 novembre 1824 (règlement général du 22 mars 1813).

Loiret. — 31 octobre 1847 ; 4ᵉ série, t. XII, p. 710 (règlements de 1813 et de 1814).

Loir-et-Cher. — 20 novembre 1822; 1ʳᵉ série, t. VIII, p. 197. Ordonnance royale, remplacée maintenant par celle du 2 juin 1839 (carrières de pierre à bâtir et de marne).

Maine-et-Loire. — 25 juin 1823; 1ʳᵉ série, t. VIII, p. 908. Ordonnance royale (ardoisières); les autres carrières sont réglementées par une ordonnance du 3 avril 1836 (3ᵉ série, t. IX, p. 663).

Saône-et-Loire. — 16 juillet 1828; 2ᵉ série, t. VI, p. 471. Ordonnance royale (carrières de gypse).

Deux-Sèvres. — 23 janvier 1830; arrêté ministériel approuvant un règlement préfectoral du 23 juin 1828 (carrières de tufeau de Courtenay).

Charente-Inférieure. — 28 mars 1832; 3ᵉ série, t. IV, p. 533. Arrêté ministériel (carrières souterraines de Saint-Savinien).

Aisne. — 1ᵉʳ octobre 1832; 3ᵉ série, t. IV, p. 537. Arrêté ministériel (carrières souterraines).

Ardennes. — 28 janvier 1834; 3ᵉ série, t. VI, p. 545. Ordonnance royale (ardoisières).

Orne. — 25 mars 1836; 3ᵉ série, t. IX, p. 658. Ordonnance royale

Art. 82. Quand l'exploitation a lieu par galeries souterraines,

(carrières à ciel ouvert); les carrières de toute nature sont maintenant réglementées par un décret impérial du 29 septembre 1856, qui est le plus récent des règlements sur les carrières.

Dordogne. — 1er février 1837; 3e série, t. XI, p. 646. Ordonnance royale (carrières souterraines de Brantôme).

Finistère. — 21 mai 1837; 3e série, t. XI, p. 664. Ordonnance royale (ardoisières).

Vienne. — 21 mai 1837; 3e série, t. XI, p. 670. Ordonnance royale.

Calvados. — 25 février 1838; 3e série, t. XIII, p. 783. Ordonnance royale (carrières souterraines de pierre calcaire), remplacée maintenant par un décret impérial du 26 décembre 1855, sur les carrières de toute nature (5e série, partie administrative, t. IV, p. 366).

Charente. — 30 juillet 1838; 3e série, t. XIV, p. 563. Ordonnance royale (carrières de Saint-Même).

Haute-Marne. — 17 juillet 1839; 3e série, t. XVI, p. 723. Arrêté ministériel (plâtrières souterraines de Bussières-lès-Belmont).

Ille-et-Vilaine. — 7 mai 1840; 3e série, t. XVII, p. 713. Ordonnance royale (ardoisières).

Nièvre. — 7 mai 1840; 3e série, t. XVII, p. 721. Ordonnance royale (carrières de gypse).

Loire-Inférieure. — 14 octobre 1844;

4e série, t. VI, p. 661. Arrêté ministériel (ardoisières).

Morbihan. — 14 octobre 1844; 4e série, t. VI, p. 668. Arrêté ministériel (ardoisières).

Gironde. — 2 décembre 1844; 4e série, t. VI, p. 686. Ordonnance royale.

Mayenne. — 13 août 1847; 4e série, t. XII, p. 691. Arrêté ministériel (ardoisières).

Seine-et-Marne. — 31 octobre 1847; 4e série, t. XII, p. 710. Arrêté ministériel (carrières à ciel ouvert).

Dordogne. — 9 janvier 1849; 4e série, t. XV, p. 560. Arrêté ministériel (carrières souterraines de Chancelade).

Ardèche. — 24 janvier 1853; 5e série, partie administrative, t. II, p. 55. Arrêté ministériel (carrières souterraines d'argile du Teil).

Seine-Inférieure. — 15 février 1853; 5e série, partie administrative, t. II, p. 58. Décret impérial, — qui est maintenant le type adopté pour les règlements de ce genre.

Algérie. — 29 janvier 1854; 5e série, partie administrative, t. III, p. 201. Arrêté du ministre de la guerre.

Côte-d'Or. — 2 août 1854; 5e série, partie administrative, t. III, p. 168. Décret impérial.

Manche. — 10 novembre 1855; 5e série, partie administrative, t. IV, p. 317. Décret impérial.

— La plupart de ces règlements

elle est soumise à la surveillance de l'administration, comme il est dit au titre V.

stipulent que l'exploitation des carrières ne pourra être poursuivie que jusqu'à la distance horizontale de 10 mètres au moins des chemins à voiture, constructions quelconques, etc.

Cette distance, empruntée aux décrets de 1813 et à l'ordonnance de 1814, concernant particulièrement les carrières des départements de la Seine et de Seine-et-Oise, a toujours été maintenue depuis cette époque ; on a jugé qu'elle était de nature à garantir convenablement tous les intérêts.

— La loi de 1810 n'a point abrogé les dispositions de l'arrêt du conseil du 5 avril 1772 ; au contraire, elle n'a permis l'exploitation des carrières à ciel ouvert, sans autorisation préalable, qu'à la charge, par les exploitants, d'observer les règlements généraux ou locaux.

L'infraction consistant à ouvrir une carrière à moins de 30 toises d'une route départementale constitue une contravention de grande voirie, sur laquelle il appartient au conseil de préfecture de statuer, conformément à la loi du 29 floréal an x. (O. C. 27 octobre 1837.)

— Il en est évidemment de même pour une carrière souterraine, en raison de la généralité des termes de l'article 1er de l'arrêt de 1772.

— La prohibition ne s'applique,

bien entendu, que dans les localités où n'est point intervenu de règlement particulier. Cette restriction est fort importante, car elle donne le moyen d'expliquer le désaccord apparent qui existerait, sans elle, au sujet de la compétence, entre cette jurisprudence et celle que le conseil d'état et surtout la cour de cassation ont récemment admise, dans une même espèce (l'ouverture d'une carrière à ciel ouvert à 2 mètres seulement du bord d'un chemin vicinal).

Aucune conséquence ne peut être tirée du décret au contentieux, du 14 février 1856, auquel il est fait allusion, — le conseil de préfecture ne motivant son incompétence que sur la fausse application à une carrière à ciel ouvert du premier règlement du 22 mars 1813 (invoqué d'ailleurs à tort, puisqu'il ne concerne que les départements de la Seine et de Seine-et-Oise) et sur le caractère du chemin, qui impliquait la compétence judiciaire. Il n'en est point de même des deux arrêts suivants que la cour régulatrice a eu successivement à rendre dans cette affaire.

— La disposition de l'article 81 de la loi de 1810 place implicitement toute infraction se rattachant à l'exploitation des carrières à ciel ouvert, sous la juridiction et la pénalité de simple police.

En jugeant, au contraire, que, de

la combinaison des dispositions d'un règlement particulier et de la loi précitée il résultait que certaines infractions ne pouvaient être poursuivies et réprimées que par voie administrative, et en déclarant l'incompétence du tribunal de simple police, un tribunal interprète faussement et, par suite, viole les dispositions dudit règlement, l'article 81 de la loi de 1810 et l'article 471, n° 15, du code pénal. (C. C. 19 septembre 1856.)

— L'article 24 de l'ordonnance royale du 21 mai 1837 (*voir la nomenclature ci-dessus*), en renvoyant devant la juridiction administrative la connaissance et le jugement des infractions à ses dispositions, n'a pu déroger aux règles de la compétence établie par la loi de 1810.

Si, comme dans l'espèce, l'infraction se rattache à une exploitation de carrière à ciel ouvert, elle tombe sous la juridiction et la pénalité de simple police.

En se déclarant incompétent pour statuer sur la poursuite, par le motif que la connaissance et la répression de l'infraction appartiennent à la juridiction correctionnelle, le tribunal a formellement violé l'article 81 de la loi précitée et fait une fausse application du titre X. (C. C. 23 janvier 1857.)

Sans citer l'article 24 du règlement des carrières de la Vienne, il suffira de dire qu'à l'instar de l'article correspondant des règlements les plus récents, il prescrit une exception à

l'égard des contraventions qui auraient pour effet de porter atteinte à la conservation des routes, etc., et les défère au conseil de préfecture. — On voit que la jurisprudence de la cour de cassation exclut maintenant cette distinction, qui ne laissera d'ailleurs pas les chemins sans protection. Ils seront défendus, dans un département où il n'existe pas de règlement spécial, par l'arrêt de 1772, et, dans un département qui a été l'objet d'un tel règlement, par ce règlement même, sans préjudice, en outre, des mesures administratives de précaution dont il peut être l'objet, et des réparations civiles que l'état, le département ou la commune, suivant la nature du chemin, pourront avoir, en cas de dégradation, à réclamer à l'exploitant.

— La même observation s'applique évidemment, en principe, aux règlements de minières et de tourbières, qui offrent naturellement une grande analogie avec les règlements de carrières, — notamment en ce qui concerne la distinction critiquée des infractions au point de vue des chemins. Toutes les contraventions seront de la compétence des tribunaux correctionnels.

— Dans quelques cas exceptionnels, l'administration tolère la traversée souterraine des chemins pour relier deux portions de carrière. Un arrêté préfectoral, rendu sur l'avis des ingénieurs des mines, autorise ce passage à travers un massif réservé ; il impose les conditions propres à garantir les intérêts de toute nature.

— L'administration a reconnu, plusieurs fois, que la défense portée dans les articles 6 et 7 du règlement spécial du 22 mars 1813, à l'égard des *constructions quelconques*, s'appliquait à un simple mur de clôture. Il convient de dire cependant que l'opinion contraire peut se prévaloir d'un arrêt au contentieux du 29 juin 1850, où un tel mur n'a point été considéré comme constituant l'une des constructions auxquelles est applicable la prohibition semblable du règlement du 4 juillet 1813.

La prohibition doit être maintenue, encore bien que ces constructions quelconques aient été élevées depuis l'ouverture de la carrière.

Les prescriptions relatives aux distances à observer aux abords des propriétés bâties ayant principalement pour objet l'intérêt des propriétaires, il n'est point interdit à ceux-ci de consentir à une réduction dans les distances, en faveur des exploitants de carrières, si, d'un autre côté, l'administration croit pouvoir l'approuver, au point de vue de la sûreté publique.

— Les arrêtés par lesquels un préfet, dans l'intérêt des propriétés voisines et de la sûreté publique, impose à des exploitants certaines conditions d'exploitation conformes aux règlements, sont des actes purement administratifs, et, comme tels, ne peuvent être l'objet d'un recours au contentieux dirigé contre les décisions ministérielles qui les ont confirmés. (O. C. 11 mars 1843; A. C. 4 janvier 1851.)

— Si une mesure, dont se plaignent des exploitants de carrière, a été prise par le ministre, dans les limites de ses pouvoirs administratifs, par application des lois de police et pour préserver la sûreté publique des dangers qu'elle aurait courus par l'exploitation de leur carrière, ils sont sans droit à réclamer une indemnité. (D. C. 19 janvier 1854.)

— D'après les dispositions de la loi de 1810, l'exploitation des carrières est soumise à la surveillance des préfets, qui peuvent, en cas de dangers, l'interdire et la condamner; dès lors un préfet, en interdisant comme dangereuse, à raison d'une question particulière de voisinage, l'exploitation d'une carrière, n'agit point hors des limites de ses pouvoirs ou de sa compétence. (O. C. 24 décembre 1844.)

SECTION II.

DES TOURBIÈRES [1].

ART. 83. Les tourbes ne peuvent être exploitées que par le propriétaire du terrain, ou de son consentement.

ART. 84. Tout propriétaire actuellement exploitant, ou qui voudra commencer à exploiter des tourbes dans son terrain, ne

[1] Il y a évidemment ici un défaut de classification, qui n'a du reste point été reproduit dans l'instruction du 3 août 1810, où les tourbières terminent le paragraphe des minières ou viennent après celles-ci. L'harmonie de toutes les parties de la loi de 1810 exigerait que les tourbières formassent la section IV du titre VII, conformément aux indications de l'article 3.

— Voir les articles 1 et 3 de la loi, les §§ 3 *Généralités* et 6 de la section A de l'instruction ministérielle du 3 août 1810, l'article 39 du décret du 18 novembre suivant, les circulaires des 1er septembre 1814 et 6 juillet 1850, la loi du 21 mai 1836. Voir aussi l'article 144 du code forestier.

— Il n'existe point de règlement général pour l'exploitation des tourbières. Il a seulement été fait, dans les départements dont les noms suivent, des règlements spéciaux dont on a cru devoir indiquer ici la date et l'endroit où ils se trouvent dans les Annales des mines :

Somme. — 17 août 1825; 5ᵉ série, partie administrative, t. II, p. 4. Ordonnance royale approuvant un règlement préfectoral du 27 juin 1825 (tourbières communales).

Oise. — 26 novembre 1830; 5ᵉ série, partie administrative, t. II, p. 30. Ordonnance royale approuvant un règlement préfectoral.

Seine-et-Oise. — 14 septembre 1835; 3ᵉ série, t. VIII, p. 612. Ordonnance royale (tourbières des vallées de l'Essonnes et de la Juine).

— Voir en outre le décret, en date du 5 septembre 1851, du président de la république, portant règlement pour la police des eaux de ces rivières.

Loire-Inférieure. — 3 octobre 1838; 3ᵉ série, t. XIV, p. 574. Ordonnance royale (tourbières des marais de Donges).

Loire-Inférieure. — 24 février 1844;

pourra continuer ou commencer son exploitation, à peine de 100 francs d'amende, sans en avoir préalablement fait la déclaration à la sous-préfecture et obtenu l'autorisation [1].

Art. 85. Un règlement d'administration publique déterminera la direction générale des travaux d'extraction dans le terrain où sont situées les tourbes, celle des rigoles de dessèchement, enfin toutes les mesures propres à faciliter l'écoulement des eaux dans les vallées et l'atterrissement des entailles tourbées.

Art. 86. Les propriétaires exploitants, soit particuliers, soit communautés d'habitants, soit établissements publics, sont tenus de s'y conformer, à peine d'être contraints à cesser leurs travaux.

4ᵉ série, t. V, p. 700. Ordonnance royale (extension de la précédente à l'extraction de la tourbe terreuse, dite *terre noire*).

Marne. — 5 août 1844; 4ᵉ série, t. VI, p. 644. Ordonnance royale.

Aube. — 5 août 1844; 4ᵉ série, t. VI, p. 649. Ordonnance royale.

Vosges. — 14 décembre 1848; 4ᵉ série, t. XIV, p. 591. Arrêté du chef du pouvoir exécutif.

Isère. — 5 juillet 1854; 5ᵉ série, partie administrative, t. III, p. 158. Décret impérial (tourbières des marais de Bourgoin).

— Voir, au sujet des infractions de voirie, une note de la section des *Carrières.*

[1] C'est au préfet qu'il appartient de délivrer cette autorisation. Ce n'est que dans le cas où il y aurait lieu d'appliquer l'article 85 que l'intervention de l'autorité supérieure deviendrait indispensable.

TITRE IX.

DES EXPERTISES [1].

Aɴᴛ. 87. Dans tous les cas prévus par la présente loi et autres naissant des circonstances, où il y aura lieu à expertise, les dispositions du titre XIV du code de procédure civile, articles 3o3 à 3a3, seront exécutées.

[1] Le titre IX s'applique virtuellement aux minières comme aux mines, ainsi que cela résulte des articles 65, 66, 72, 79 et 80 de la loi. (C. C. 26 mai 1831, cité aussi à l'article 80 et au titre X.)

Le titre X, aussi bien que le titre IX, renferme des dispositions générales qui s'appliquent aux titres antérieurs de la même loi, soit quant à la pénalité, soit quant à la compétence.

— Aux termes de l'article 5, 1°, de la loi du 25 mai 1838, sur les justices de paix, « les juges de paix connaissent.... des actions pour dommages faits aux champs...; » on s'est souvent demandé si cette généralité d'expressions comprenait les dommages occasionnés à la superficie par des travaux de mines. La cour de cassation vient de résoudre négativement la question, par deux arrêts identiques et de même date, dont voici la partie essentielle :

« Si l'on consulte l'esprit et le texte de la loi de 1810, on demeure convaincu que les contestations soulevées *dans les cas qu'elle prévoit* doivent être soumises à la juridiction des tribunaux de première instance.

« En effet, l'importance des questions qui pouvaient naître de la constitution d'un nouveau droit de propriété, rival du droit de propriété de la surface, du conflit des intérêts publics et privés, surtout lorsque les conséquences de l'action pouvaient aller jusqu'à la suspension provisoire de l'exploitation des mines, ne permettait pas au législateur de soumettre ces questions à la compétence d'un juge unique et amovible comme le juge de paix.

« Le texte n'est pas moins contraire à cette opinion : si l'on ne trouve dans la loi de 1810 aucuns chapitres ou sections relatifs à *la compétence*, cette irrégularité de rédaction ne porte aucune atteinte à l'énergie de ses autres dispositions; la compétence des con-

7

Aꝛт. 88. Les experts seront pris parmi les ingénieurs des mines[1], ou parmi les hommes notables et expérimentés dans le fait des mines et de leurs travaux.

Aꝛт. 89. Le procureur impérial sera toujours entendu et donnera ses conclusions sur le rapport des experts.

Aꝛт. 90. Nul plan ne sera admis comme pièce probante dans une contestation, s'il n'a été levé ou vérifié par un ingénieur des mines. La vérification des plans sera toujours gratuite.

Aꝛт. 91. Les frais et vacations des experts seront réglés et arrêtés, selon les cas, par les tribunaux ; il en sera de même des honoraires qui pourront appartenir aux ingénieurs des mines : le tout suivant le tarif qui sera fait par un règlement d'administration publique.

seils de préfecture, en certains cas, n'est pas moins incontestable pour être déterminée sous la rubrique *Des obligations des propriétaires de mines,* et on peut trouver celle des tribunaux d'arrondissement sous la rubrique *Des expertises :* en effet, l'article 87 de la loi de 1810, renvoyant aux articles 303 à 323 du code de procédure civile, incorpore ces articles dans la loi, et organise une procédure pour l'instruction des demandes en indemnités. Or cette procédure exige le concours des avoués (art. 315), du président du tribunal (art. 319), d'un juge commissaire (art. 305), et enfin celui du ministère public (art. 311), *qui sera toujours entendu* (article 89 de la loi de 1810).

« De semblables dispositions législatives sont incompatibles avec la constitution des tribunaux de paix, et entraînent nécessairement la compétence des tribunaux de première instance. Si la jurisprudence administrative a emprunté quelques formes à la loi de 1810, pour procéder devant les conseils de préfecture, il n'en saurait être de même devant la justice de paix, parce que la compétence des conseils est clairement et expressément déterminée, tandis que la juridiction invoquée par le pourvoi n'est ni nommée, ni désignée, dans tout le cours de la loi. » (C. C. 14 janvier 1857.)

[1] Voir l'article 42 du décret du 18 novembre 1810.

Toutefois, il n'y aura pas lieu à honoraires pour les ingénieurs des mines, lorsque leurs opérations auront été faites soit dans l'intérêt de l'administration, soit à raison de la surveillance et de la police publiques.

Art. 92. La consignation des sommes jugées nécessaires pour subvenir aux frais d'expertise pourra être ordonnée par le tribunal contre celui qui poursuivra l'expertise.

TITRE X.

DE LA POLICE ET DE LA JURIDICTION RELATIVES AUX MINES [1].

ART. 93. Les contraventions des propriétaires de mines, exploitants non encore concessionnaires ou autres personnes, aux

[1] Les dispositions du titre X de la loi de 1810 sont applicables à toute infraction qui serait commise par un concessionnaire aux prescriptions de son acte de concession et du cahier des charges y annexé, — pourvu que cette infraction constitue une contravention à la loi du 21 avril 1810, aux décrets des 18 novembre suivant, 6 mai 1811 et 3 janvier 1813, à la loi du 27 avril 1838, et aux ordonnances des 18 avril 1842 et 26 mars 1843.

Dans le cas contraire, le décret de concession et le cahier des charges ont toujours, en droit, le caractère d'un règlement de police, et, comme tels, ils ont nécessairement pour sanction l'article 471, n° 15, du code pénal, — et aussi l'article 474. Les dispositions de ces actes, légalement rendus dans l'intérêt général, sont, par cela même, pénales de leur nature, comme toutes les mesures d'ordre public. Ce principe a été maintes fois proclamé, par la jurisprudence, en matière d'usines hydrauliques.

Une observation analogue doit évidemment être faite au sujet des décrets de permission des usines minéralurgiques.

Ce système intermédiaire paraît plus rationnel que ces deux systèmes opposés, dont l'un veut que le titre X soit applicable aux infractions de toute nature qui peuvent être commises par un concessionnaire de mines ou un permissionnaire d'usine, contrevenant au décret qui lui sert de titre institutif (voir cependant, en note de l'article 96, un passage de l'arrêt de la cour de cassation du 18 août 1837, — que la mention des *lavoirs* entache toutefois d'inexactitude), et dont l'autre n'admet que la déchéance pour réprimer des infractions aux dispositions de ce décret qui n'ont point leur origine dans des prescriptions de lois et règlements sur la matière.

Il n'est en contradiction ni avec les modèles des clauses à insérer dans les projets d'ordonnances et de cahiers des charges des concessions de mines, annexés à la circulaire du 8 octobre 1843, — le premier de ces documents se bornant à rappeler (art. 11) que le second est *considéré comme en*

lois et règlements, seront dénoncées et constatées, comme les contraventions en matières de voirie et de police.

Art. 94. Les procès-verbaux contre les contrevenants seront affirmés dans les formes et délais prescrits par les lois.

Art. 95. Ils seront adressés en originaux à nos procureurs impériaux, qui seront tenus de poursuivre d'office les contre-

faisant partie essentielle; ni avec la formule adoptée pour les décrets de permission d'usines minéralurgiques; ni enfin avec les modèles d'arrêtés préfectoraux pour les autorisations de patouillets et bocards, annexés à la circulaire du 16 octobre 1852, — cette formule et ces modèles ne renfermant, sur la répression judiciaire des contraventions, que la disposition rappelée en note de l'article 77.

Enfin on peut tirer, en faveur du système proposé, un argument de la loi du 15 juillet 1845, sur la police des chemins de fer, — au sujet desquels la même question se représente naturellement, quant aux décrets de concession et aux cahiers des charges y annexés. En effet, l'article 21, relatif aux peines à prononcer en cas de contravention, ne mentionne que les règlements d'administration publique, sur la police, la sûreté et l'exploitation des chemins de fer, et les arrêtés préfectoraux pris, sous l'approbation ministérielle, pour l'exécution desdites ordonnances, sans parler des cahiers des charges. Au contraire, le titre II de cette loi punit d'une amende par-

ticulière les contraventions spéciales de voirie aux clauses des cahiers des charges ou aux décisions rendues en exécution de ces clauses.

— Il n'appartient point à un tribunal d'étendre la portée de la responsabilité légale et l'application de la peine à les individus, dont la réunion seule est propriétaire et seule poursuivie à ce titre; elle ne peut, dès lors, prononcer une amende contre chacune des personnes faisant partie de cette société, lesquelles ne sont point individuellement responsables en leur propre et privé nom, sans contrevenir aux articles 93 de la loi de 1810 et 74 du code pénal. (C. C. 6 août 1829, cité aussi à l'article 96.)

Cette question de responsabilité collective ou individuelle n'a rien de particulier à la législation minérale, et il est inutile de s'y arrêter. Il convient seulement de remarquer les difficultés que rencontrerait le système adopté par la cour régulatrice, dans son arrêt de 1829, s'il s'agissait, au lieu d'une amende, d'une détention. Quant aux concessionnaires de mines (l'arrêt était relatif à des permission-

venants devant les tribunaux de police correctionnelle, ainsi qu'il est réglé et usité pour les délits forestiers, et sans préjudice des dommages-intérêts des parties.

Art. 96. Les peines seront d'une amende de 5oo francs au plus et de 1oo francs au moins, double en cas de récidive, et

naires d'usines), il leur suffit, pour s'affranchir de la responsabilité individuelle, de se conformer aux prescriptions des articles I¹ et P des première et seconde annexes de la circulaire du 8 octobre 1843.

— L'intitulé du titre X n'est qu'énonciatif et n'empêche pas que ce titre, qui forme le complément de la loi, ne comprenne, comme il était raisonnable qu'il le fît, toutes les exploitations auxquelles la loi s'applique, aussi bien celles des minières, forges, fourneaux et usines, dont parle le titre VII, et des carrières souterraines, dont s'occupe le titre VIII, que celles des mines dont il est traité dans les titres II à VI; sans cette extension, une grande partie des contraventions serait restée sans aucune sanction pénale.

Le texte même de l'article 93 exclut la supposition de cette anomalie; cet article renferme virtuellement toutes les personnes qui sont en contravention aux lois et règlements sur les matières que la loi de 181o a pour objet de régler.

Ainsi, les articles 95, sur la compétence, et 96, sur la pénalité, sont applicables aux unes comme aux autres.

En laissant les carrières à ciel ouvert sous la simple surveillance de la police et l'observation des règlements généraux ou locaux (art. 81), la loi de 181o les place implicitement sous la juridiction et la pénalité de simple police; au contraire, elle assimile aux mines les carrières exploitées par galeries souterraines, en renvoyant (art. 82) au titre V. (C. C. 29 août 1851.) — Un premier arrêt du 26 mai 1831, cité en note de l'article 80 et du titre IX de la loi et un autre arrêt du 12 mars 184·, cité en note des articles 73 et 77, avaient déjà posé les mêmes principes, mais en termes moins généraux.

— Les infractions aux règles prescrites pour l'exploitation des carrières à ciel-ouvert, et aux règlements administratifs légalement faits à ce sujet, en exécution des règlements généraux, restent soumises à la répression établie par l'article 471, n° 15, du code pénal (C. C. 29 août 1845, 19 septembre 1856 et 23 janvier 1857), — et aussi par l'article 474.

— Par cela même qu'aux termes de l'article 93 il doit être procédé comme en matière de voirie et de police, le droit de verbaliser, en vertu de la loi

d'une détention qui ne pourra excéder la durée fixée par le code de police correctionnelle [1].

de 1810, n'appartient pas seulement aux ingénieurs des mines et aux gardes-mines. Les maires, et les différents officiers de police judiciaire que désigne l'article 9 du code d'instruction criminelle, peuvent également dresser des procès-verbaux de contravention.

— L'article 95 n'a pas expressément exigé la notification des procès-verbaux de contravention à la partie citée. Dans l'économie de l'article 9, titre IX de la loi des 15-29 septembre 1791, dont la disposition n'était pas d'ailleurs, comme celle de l'article 172 du code forestier, prescrite à peine de nullité, la signification de la copie des procès-verbaux au prévenu était corrélative à la nécessité de l'inscription de faux, pour détruire la foi due à ces procès-verbaux, nécessité qui n'existe pas à l'égard des procès-verbaux de contravention à la loi sur la police des mines. (C. C. 18 août 1837, cité aussi dans la note suivante.)

[1] Si la lettre de cet article peut laisser quelque doute sur la véritable intention du législateur, il faut recourir, pour en éclaircir le sens, aux principes qui ont servi de base dans des matières analogues. — Dans les divers cas où des peines ont été établies pour la répression des contraventions aux règlements de police, les lois ont généralement prononcé de simples peines pécuniaires en cas d'une première contravention, et appliqué la peine d'em-

prisonnement seulement en cas de récidive. — S'il fallait entendre l'article 96 de telle sorte que la peine d'emprisonnement fût prononcée au cas d'une première contravention, tandis qu'au cas de la récidive cette peine corporelle ne serait pas aggravée, ni prononcée de plus fort, on s'écarterait évidemment des principes qui président à l'ensemble de la législation, d'autant que, dans un cas douteux, en matière de dispositions pénales, on aurait préféré l'interprétation la plus rigoureuse. (C. C. 6 août 1829, cité déjà à l'article 93.)

— La loi de 1810, dans sa disposition relative à la récidive, n'a pas dérogé aux principes de droit commun en matière de récidive; il suffit qu'il s'agisse d'une contravention punie par ladite loi, pour qu'il y ait lieu de prononcer la peine de la récidive établie par elle, — alors même que les contraventions reprochées au prévenu n'auraient pas eu lieu dans le même établissement.

Par cette loi, les concessionnaires sont personnellement déclarés passibles des contraventions prévues par elle; et l'article 96 est évidemment et particulièrement applicable aux violations des dispositions des ordonnances de concession et aux constructions des *lavoirs* ou patouillets sans autorisation. (C. C. 18 août 1837, cité aussi dans la note précédente.)

— Si, dans quelques articles de la loi de 1810, on s'est servi du terme de *contravention*, ce n'est pas pour qualifier et classer le fait, mais comme synonyme d'infraction, d'inobservation à la loi; en punissant d'une amende de cent francs au moins les infractions à ce qu'elle prescrit, elle a, dès lors, placé ces infractions dans la classe des *délits*. (C. C. 15 février 1843.)

— On a souvent agité la question de savoir si les tribunaux pouvaient abaisser, en vertu de l'article 463 du code pénal, les peines prononcées par l'article 96 de la loi de 1810. La solution négative ressort nettement d'un arrêt rendu, le 28 mars 1857, par la cour de cassation, — dans une espèce d'ailleurs absolument étrangère à la législation minérale. Le principe général de la matière y est résumé comme suit;

« Les tribunaux de répression ne peuvent user légalement du pouvoir que l'article 463 du code pénal leur attribue, qu'à l'égard des délits et des contraventions qui sont textuellement prévus, définis et réprimés par ce code ou par des lois spéciales qui leur donnent expressément ce droit. »

RÉPERTOIRE CHRONOLOGIQUE

DES

ARRÊTS DE LA COUR DE CASSATION

CONCERNANT

LA LÉGISLATION MINÉRALE.

———

MINES.

Articles[1].

1801, 21 janvier... An IX, 1er pluviôse. Req.	*Godard et Defrise* contre *Butin.* — Sens à donner à l'article 4 du titre Ier de la loi de 1791	u
1803, 4 janvier.... An XI, 14 nivôse. Civ.	*Lachaud* contre *Treich-Laplène.* — Compétence exclusive de l'autorité administrative pour statuer sur le droit d'exploiter une mine réclamée par plusieurs........................	4
1803, 14 mars..... An XI, 23 ventôse. Req.	*Daoust* contre *Lefebvre.* — Négation du droit, pour les maîtres de forges du pays de Liége, d'extraire, antérieurement à la loi de 1791, du minerai de fer sur le terrain d'autrui, sans le consentement du propriétaire............	u
1804, 7 mars...... An XIII, 16 ventôse. Civ.	*De Schuytener et compagnie* contre *de Carondelet.* — Abrogation par la loi de 1791 du droit d'*entre-cens* dans le Hainaut, etc...........	u

[1] Les nombres de cette colonne indiquent les articles de la loi du 21 avril 1810, en note desquels se trouvent reproduits les extraits des arrêts de la cour de cassation qui ont servi à résumer les principes essentiels de la législation minérale. La date et les noms des parties suffisent pour retrouver ces arrêts aux Bulletins officiels des chambres civile et criminelle, dans les recueils de Dalloz et de Sirey, dans le Journal du Palais, dans le Répertoire méthodique et alphabétique de Dalloz.

MINES. (Suite.)

MINES. (Suite.)

MINES. (Suite.)

MINES. (Suite.)

MINES. (Suite.)

Articles.

MINES. (Suite.)

MINES. (Suite.)

Articles.

MINES. (Suite.)

8.

MINES. (Suite.)

MINES. (Suite.)

[1] L'arrêt ne tient pas compte de l'abrogation implicite de cet article par l'article 3 de l'ordonnance du 26 mars 1843.

MINES. (Suite.)

MINIÈRES.

MINIÈRES. (Suite).

TOURBIÈRES.

Il n'existe pas, sur cette classe d'exploitations, d'arrêt de la cour de cassation.

CARRIÈRES.

CARRIÈRES. (Suite.)

Articles.

1856, 19 septembre. *Ministère public* contre *Mackensie et Brassey.* — Compétence de l'autorité judiciaire (tribunal de simple police) pour réprimer l'infraction consistant à ouvrir une carrière à une distance prohibée d'un chemin de grande communication.............................. T. VIII. Sⁿ 1ʳᵉ. T. X.
Crim.

1857, 23 janvier... *Mêmes parties.* — Même affaire; même solution.. *Ibid.*
Crim.

USINES MINÉRALURGIQUES.

1806, 6 mai...... *Guy* contre *commune de Conflandry.* — Compétence exclusive de l'autorité administrative pour statuer sur l'établissement d'un patouillet. *"*
Civ.

1818, 2 mai...... *Roussel.* — Application des prescriptions de l'article 73 de la loi de 1810 aux lavoirs de toute espèce. — Voir la note qui accompagne cet article................................ 73
Crim.

1828, 20 juin...... *Ministère public* contre *Devillers-Bodson.* — Application des articles 93 et 96 de la loi de 1810 à l'établissement, sans autorisation, d'un lavoir à mines par un maître de forges. — Voir la note relative à cette jurisprudence pénale qui accompagne l'article 73.................... *Ibid.*
Crim.

1829, 23 janvier... *Ardaillon, Bessy et compagnie* contre *ministère public.* — Application des mêmes articles à une infraction à l'ordonnance d'autorisation d'un patouillet.......................... *Ibid.* 77
Crim.

—— 6 août...... *Devillers-Bodson* contre *ministère public.* — Responsabilité collective et non individuelle des membres d'une société propriétaire de forges, à l'occasion d'une contravention commise par ses ouvriers. Interprétation de l'article 96 de la loi de 1810, relativement à la peine de détention qu'il édicte.................. 73 T. V. 96
Crim.

USINES MINÉRALURGIQUES. (Suite.)

USINES MINÉRALURGIQUES. (Suite).

RÉPERTOIRE CHRONOLOGIQUE

DES

DÉCRETS, ORDONNANCES ET ARRÊTS

DU CONSEIL D'ÉTAT AU CONTENTIEUX

CONCERNANT LA LÉGISLATION MINÉRALE.

MINES.

Décrets au contentieux.

<table>
<tr><td></td><td></td><td>Articles[1].</td></tr>
<tr><td>1806, 31 janvier...</td><td>*Calmuth* contre *Weisse et Stappen.* — Compétence exclusive de l'autorité administrative pour l'institution des concessions. — Ce décret a été inséré au Bulletin des lois . . . .</td><td>//</td></tr>
<tr><td>—— 19 avril. . . . .</td><td>*Kalb, puits salé de Saltzbronn.* — Appréciation d'un acte de vente. Application de l'arrêté du directoire exécutif du 3 pluviôse an VI. —— Voir les ordonnances au contentieux des 13 janvier 1816, 14 août 1822, 25 février 1829 et 10 septembre 1835 . . . .</td><td>//</td></tr>
<tr><td>1808, 26 avril. . . . .</td><td>*Pauly* contre *Rivaut.* — Compétence de l'autorité administrative pour autoriser un vendeur à rentrer dans sa concession, par suite d'une clause résolutoire du contrat de vente, etc. (il n'est pas besoin de rappeler que l'arrêté du 3 nivôse an VI était encore en vigueur). — Voir aussi le décret du 16 mai 1810. . . . .</td><td>//</td></tr>
</table>

---

[1] Une observation analogue à celle qui figure en tête du répertoire de la jurisprudence de la cour de cassation doit être faite ici ; les mêmes recueils d'arrêts doivent être rappelés, à l'exception naturellement des Bulletins officiels ; mais il faut y ajouter le recueil, particulier à la jurisprudence du conseil d'état, que continuent aujourd'hui MM. Félix Lebon et Hallays-Dabot.

MINES. (Suite.)

Décrets au contentieux. (Suite.)

Articles.

1808, 11 août..... *Boussier et autres* contre *Cherbonnier.* — Compétence de l'autorité judiciaire pour le règlement d'indemnités dues, par un ancien propriétaire de mines, au nouveau concessionnaire (article 27 du titre Ier de la loi de 1791), etc. — Voir les décrets au contentieux des 18 juillet 1809 et 24 novembre 1810................   *ll*

——— idem......... *Sociétaires de l'exploitation des mines de Boussu.* — Compétence exclusive de l'autorité administrative pour autoriser les travaux nécessaires à l'exploitation des mines (article 25 du titre Ier de la loi de 1791)......................   *ll*

1809, 4 mars...... *David et autres* contre *Girout.* — Rejet d'une réclamation contre un concessionnaire, par la raison que la déchéance n'a point été établie dans l'intérêt privé des particuliers.........   *ll*

——— 18 juillet.... *Boussier et consorts* contre *Cherbonnier.* — Conflit survenu à propos d'une question de détail. — Voir aussi les décrets au contentieux des 11 août 1808 et 24 novembre 1810.........   *ll*

1810, 16 mai...... *Pauly* contre *Rivant.* — Compétence exclusive de l'autorité administrative pour nommer les experts dont il est question dans l'article 18 du titre Ier de la loi de 1791; compétence de l'autorité judiciaire pour statuer en conséquence du procès-verbal desdits experts. — Voir aussi le décret du 26 avril 1808................   *ll*

——— 24 novembre. *Béguyer, Boussier et autres.* — Affaire qui a déjà été l'objet des décrets au contentieux des 11 août 1808 et 18 juillet 1809.............   *ll*

——— 9 décembre.. *Campagne.* — Première phase de l'affaire particulière qui a donné lieu aux décrets au contentieux des 12 janvier 1812 et 18 janvier 1813.   *ll*

MINES. (Suite.)

Décrets au contentieux. (Suite.)

MINES. (Suite.)

Décrets au contentieux. (Suite.)

Ordonnances au contentieux.

MINES. (Suite.)

Ordonnances au contentieux. (Suite.)

MINES. (Suite.)

Ordonnances au contentieux. (Suite.)

Articles.

MINES. (Suite.)

Ordonnances au contentieux. (Suite.)

9

MINES. (Suite.)

Ordonnances au contentieux. (Suite.)

Articles.

1833, 14 novembre. *Ministre du commerce et des travaux publics* contre *de Castellane et Cabre.* — Compétence d'un conseil de préfecture pour connaître, comme en matière de contributions directes, des réclamations de concessionnaires de mines au sujet de l'obligation qui leur est imposée, par leur titre institutif, de concourir aux frais de réparation d'un chemin. . . . .   *u*

——— 5 décembre. . *Ministre du commerce et des travaux publics* contre *Miremont et Blumenstein.* — Espèce analogue à celle qui a donné lieu à l'ordonnance au contentieux du 8 janvier 1817. . . . .   *u*

1834, 17 avril. . . . . *Parmentier.* — Dispense de la patente en faveur des exploitants de sources ou puits d'eau salée.   32

——— 30 octobre. . . *Bouletin et Mathieu* contre *Damazer et Ladroit.* — Espèce toute spéciale.   *u*

——— 19 décembre. *Ricqbourg.* — Question de délimitation de mines.   *u*

1835, 24 juillet. . . . *Bazouin et compagnie* contre *Oudet et autres.* — Indemnité à payer dans un des cas prévus par l'article 46 de la loi de 1810, etc.   46

——— 10 septembre. *Ministre des finances* contre *de Thon.* — Autre phase de l'affaire du puits salé de Saltzbronn. — Voir le décret au contentieux du 19 avril 1806, et les ordonnances semblables des 13 janvier 1816 et 25 février 1829. . . . .   *u*

1836, 7 juin . . . . . . *Mines de Boussaques et de Saint-Gervais.* — Dispense de la patente en faveur d'une association de concessionnaires formée pour l'exploitation en commun de leurs mines. — Voir les décrets au contentieux des 14 décembre 1853, 21 avril 1854 et 6 mai 1857   32

MINES. (Suite.)

Ordonnances au contentieux. (Suite.)

MINES. (Suite.)

Ordonnances au contentieux. (Suite.)

Articles.

MINES. (Suite).

Ordonnances au contentieux. (Suite.)

MINES. (Suite.)

Ordonnances au contentieux (Suite).

---

[1] Le 10 mai 1848, un arrêté du ministre, agissant cette fois comme souverain, en vertu du décret du 2 mars précédent, a définitivement rejeté les prétentions du sieur Fabre : cet acte est dans la forme d'un règlement d'administration publique, conformément aux articles 16 et 28 de la loi de 1810.

MINES. (Suite.)

Décrets au contentieux.

Arrêts au contentieux.

MINES. (Suite.)

Arrêt au contentieux. (Suite.)

[1] Voir ces arrêtés à la table des documents particuliers.

MINES. (Suite.)

Décrets au contentieux. (Suite.)

MINES. (Suite.)

Décrets au contentieux. (Suite.)

MINIÈRES.

Ordonnance au contentieux.

MINIÈRES. (Suite.)

Décrets au contentieux.

TOURBIÈRES.

Décret au contentieux.

CARRIÈRES.

Ordonnances au contentieux.

Articles.

1837, 27 octobre... *Ministre des travaux publics* contre *Chatelier.* — Non-abrogation, par la loi de 1810, de l'article 5 de l'arrêt du conseil du 5 avril 1772, dans les départements où il n'y a pas de règlement pour les carrières..............) T. VIII. Sᵒⁿ Iʳᵉ.

1843, 11 mars..... *Leclaire* contre *Brochet.* — Caractère purement administratif d'un arrêté préfectoral relatif aux conditions d'exploitation............. *Ibid.*

1844, 24 décembre. *Cissac.* — Compétence d'un préfet pour interdire des travaux qui offrent du danger pour le voisinage..................... *Ibid.*

1845, 31 janvier... *Rome.* — Amende prononcée pour ouverture d'une exploitation non autorisée sur le bord d'une route départementale.................. //

1847, 14 juin..... *Borey.* — Décision de non-lieu au sujet d'un pourvoi devenu sans objet, par suite d'une remise d'amende et de l'exécution de travaux prescrits par un arrêté du conseil de préfecture. //

Arrêts au contentieux.

1850, 29 juin..... *Baudran.* — Défaut d'application de l'article 6 du règlement du 4 juillet 1813 (département de la Seine) à un simple mur de clôture....) T. VIII. Sᵒⁿ Iʳᵉ.

1851, 4 janvier.... *Permiseux et Hériché.* — Défaut de recours, par la voie contentieuse, contre une décision ministérielle ordonnant le comblement d'une carrière dangereuse du département de la Seine. — Voir le décret au contentieux du 19 janvier 1854...................... *Ibid.*

Décret au contentieux.

1853, 24 mars..... *Paccault et consorts.* — Espèce toute particulière. //

CARRIÈRES. (Suite.)

Décrets au contentieux. (Suite.)

USINES MINÉRALURGIQUES.

Décrets au contentieux.

USINES MINÉRALURGIQUES. (Suite.)

Ordonnances au contentieux.

[1] Voir, à la table des documents particuliers, l'ordonnance du 10 juillet 1822, qui a terminé définitivement cette affaire.

TABLE CHRONOLOGIQUE

DES DOCUMENTS PARTICULIERS

CONCERNANT LA LÉGISLATION MINÉRALE,

CITÉS DANS LES NOTES [1].

[1] A l'exception de l'ordonnance du 10 juillet 1822, tous les documents sont relatifs aux mines.

[2] Les nombres de cette colonne indiquent les articles de la loi du 21 avril 1810, en note desquels se trouvent mentionnés ou reproduits par extraits, pour résumer les principes essentiels de la législation minérale, quelques documents administratifs relatifs à des affaires particulières non contentieuses. Les documents eux-mêmes sont généralement empruntés aux Annales des mines.

[1] Voir les ordonnances au contentieux des 1er juin 1843 et 24 janvier 1846, ainsi que l'avis du conseil d'état du 22 décembre 1846.

[2] Voir les ordonnances au contentieux des 18 mars 1843 et 23 novembre 1847.

[1] Voir, au sujet de ces trois arrêtés de même date, les trois décrets au contentieux du 28 juillet 1852 : les concessions auxquelles ces documents sont relatifs avaient été instituées par ordonnances du 9 novembre 1845.

TABLE CHRONOLOGIQUE

DES DOCUMENTS GÉNÉRAUX

CONCERNANT

LA LÉGISLATION MINÉRALE,

MENTIONNÉS DANS LES NOTES.

[1] Les nombres de cette colonne indiquent les pages des volumes des Annales des mines où sont tous ces actes réglementaires (voir les détails accompagnant la mention de ce recueil dans la notice bibliographique qui suit l'avertissement). Il y a seulement exception pour ceux des actes qui sont antérieurs à 1791 : ces nombres indiquent alors les pages de mon ouvrage De la législation minérale sous l'ancienne monarchie, où se trouvent reproduits tous ces documents, au moins dans leur partie essentielle.

Enfin, les nombres écrits en caractère italique correspondent aux pages des volumes du Recueil officiel des circulaires, instructions et autres actes émanés du ministère de l'intérieur : ils ont été employés pour une série de documents qui ne se trouvent pas dans les Annales des mines.

[1] Ce document curieux a été imprimé, pour la première fois, dans le Recueil officiel dont il est parlé dans l'avertissement ; il est d'ailleurs reproduit en note de l'article 80.

RÉSUMÉ ALPHABÉTIQUE ET ANALYTIQUE

DES MATIÈRES

CONCERNANT LA LÉGISLATION MINÉRALE.

Abandon d'une concession de mines. — Voir *Renonciation.*
——— d'un champ d'exploitation. — Articles K et K¹ du modèle de cahier des charges. — Note du titre V.
——— forcé. — Article 7 du décret de 1813.

Accidents de mines. — Devoirs des concessionnaires en pareil cas (titres II et III du décret de 1813). — Voir *Dangers.*
——— de minières. — Titres II et III du décret de 1813. — Voir les règlements spéciaux, là où il en existe. — Voir la seconde partie de la note qui accompagne l'article 70 de la loi de 1810.
——— de carrières. — Voir les règlements spéciaux, là où il en existe.
——— d'usines minéralurgiques. — Titre III du décret de 1813.

Actions. — Voir *Meubles, Société.* — La vente des actions d'une société formée pour une exploitation de mines est, conformément aux articles 529 du code Napoléon et 8 de la loi de 1810, réputée vente de meubles par l'administration de l'enregistrement (C. C. 7 avril 1824.).

Aérage des mines. — Articles O², W et Y du modèle de cahier des charges.

Affiches des demandes en concession de mines. — Sens précis à donner à la disposition y relative de l'article 22 (note). — Elles sont rédigées par l'ingénieur en chef des mines (article 24 du décret de 1810), apposées et publiées par les soins de l'administration, l'impression en étant aux frais du demandeur. — En quels endroits (article 23) ? — Durée de la formalité (article 23). — Cas où le demandeur primitif se substitue un individu dont le nom n'a pas figuré sur les affiches (*idem*, note). — Cas d'une société qui se modifie (*ibid.*). — Insertion des affiches dans les journaux aux frais des demandeurs (article 23, note). — Sens qui paraît devoir être donné au mot *département* de l'article 23 (*ibid.*). — L'affichage doit avoir lieu au domicile réel du demandeur (*ibid.*). — Voir *Formalités, Publicité, Sel.*

————— des demandes en permission d'usines. — Elles sont rédigées par l'ingénieur en chef des mines (article 24 du décret de 1810), apposées par les soins de l'administration, l'impression en étant aux frais du demandeur. — En quels endroits (article 74)? — Durée de la formalité (*idem*).

Algérie. — La législation minérale de la métropole y est complétement en vigueur, sauf en ce qui concerne les minerais de fer (article 3, note 4).

L'exploitation des mines n'y a jamais été assujettie à la patente (article 32, note). — L'arrêté du 3 nivôse an VI a un instant été appliqué aux transferts de mines (article 7, S 1, note). — Exemples de retraits de concessions de mines (*ibid.*).

Il existe un règlement spécial pour les carrières de l'Algérie.

Les patouillets, bocards et lavoirs n'y sont pas décentralisés (article 73, note).

Alun, — est compris dans les mines (article 2). — Voir aussi *Terres alumineuses.*

Amende. — Voir les articles 84 et 96. — Celle édictée par l'article 78 n'a point, à proprement parler, de caractère pénal. — Voir *Pénalités.*

Amodiation totale, — est permise (article 7).

————— partielle. — La cour de cassation n'a pas toujours été d'accord avec l'administration pour l'interdire (article 7, S 2, note). — Les conventions des amodiataires peuvent servir à la détermination des intérêts civils (*ibid.*).

L'amodiation temporaire d'une mine est une vente ou cession mobilière soumise au droit de 2 p. o/o, établi par l'article 69 de la loi du 22 frimaire an VII (C. C. 21 décembre 1808, 17 janvier 1844, 5 et 6 mars 1855).

Anthracite. — Voir les articles O¹ et O² du modèle de cahier des charges d'une concession de mines.

Asséchement des mines inondées. — Loi de 1838 et circulaire y relative. — Ordonnance de 1841 et circulaire y annexée. — Articles W, X et Y du modèle de cahier des charges.

Attenant. — Sens constamment donné à ce mot de l'article 11 de la loi de

1810 par la cour de cassation (note). — L'existence d'un chemin, loin de détruire le voisinage, aggrave le trouble pour le propriétaire protégé (*idem*). — L'article 11 s'applique à tous les cas de recherches de mines (*idem*).

La même restriction atteint l'établissement des patouillets, lavoirs et chemins de charroi, par un maître de forges sur le terrain d'autrui (article 80); — mais dans ce cas seulement (*idem*, note).

Voir *Belgique*, *Compétence judiciaire*.

Bassins. — Leurs relations avec les mines (article II² du modèle de cahier des charges).

——————— d'épuration. — Leur construction doit être considérée comme comprise dans le privilége conféré par l'article 80 (note). — Voir *Lavoirs*, *Patouillets*.

Bavière rhénane. — La législation française de 1810 n'a pas cessé d'y être en vigueur.

Belgique. — La législation française de 1810 n'a pas cessé d'y être en vigueur. — L'interprétation de l'article 11 est différente de celle admise par la cour de cassation (note). — Sorte de préférence accordée au propriétaire du sol (article 16, note). — Solution rationnelle du problème de la redevance tréfoncière (article 42, note). — Redevance fixe des concessions par couches (article 34, note 2).

Bitume. — Les gîtes de cette substance sont toujours des mines (articles 1, note 2, et 2). — Tels sont les schistes bitumineux (article 2, note 2).

Bocards. — Voir *Usines minéralurgiques*. — Ils sont compris dans la décentralisation administrative (article 73, note), — sauf en Algérie (*ibid.*). — Ils sont rangés dans la troisième classe des établissements incommodes (circulaire de 1845).

Cahier des charges d'une concession de mines. — Modèle annexé à la circulaire du 8 octobre 1843. — Il fait partie essentielle de l'acte de concession (article II du modèle d'ordonnance). — Instructions de l'administration au sujet de la rédaction de ce cahier des charges (T. IV, note). — Distinction qui doit être faite, pour la répression pénale, entre les infractions aux dispositions qu'il renferme, suivant qu'elles constituent ou non une *contravention aux lois et règlements* sur les mines (T. X, note).

Voir *Chemins de fer*, *Fer* (mines), *Plans*.

Canaux. — Leurs relations avec les mines (comme *Bassins*).

Carrières. — Articles 1 et 4; titre VIII, section Ire, et notes.

L'indication des carrières est purement énonciative et n'est pas limitative. — L'administration a eu notamment occasion de ranger dans les carrières les terres à pipes, la baryte sulfatée, l'ocre (voir *Fer*). ⸱

Absence d'un règlement général pour l'exploitation des carrières. — Nomenclature des départements où il a été fait des règlements spéciaux; il faut y ajouter le département de la Haute-Loire (D. 8 avril 1857.) — Le règlement-type est celui de la Seine-Inférieure. — Extension des règlements de la Seine et de Seine-et-Oise à trois départements seulement. — Voir *Algérie*.

Relations des carrières et des chemins. — Dans les départements où il existe un règlement, l'exploitation des carrières ne peut être poursuivie à moins de 10 mètres des chemins. — Critique de la distinction de compétence, introduite jusqu'à présent dans les règlements de carrières, au sujet des contraventions qui portaient atteinte aux chemins. — En l'absence de règlement, ces chemins sont protégés par l'arrêt du conseil de 1772, dont les peines sont prononcées par les conseils de préfecture. — Traversée souterraine d'un chemin, — d'un chemin de fer (voir ces mots).

Sens à donner aux mots *constructions quelconques* dans les règlements de carrières. — La protection accordée à ces constructions est indépendante de leur date. — Elle peut être restreinte du consentement mutuel du propriétaire et de l'administration.

Compétence du préfet pour régler l'exploitation des carrières. — Distinction importante entre les carrières à ciel ouvert (article 81) et les carrières souterraines (article 82), quant à la nature de la surveillance, et surtout quant à la répression pénale des infractions aux règlements. — Cette répression a pour sanction, dans le premier cas, l'article 471, n° 15, du code pénal, et, dans le second, le titre X de la loi de 1810 (note). — Voir *Plans*.

Castine. — Les maitres de forges régulièrement institués semblent jouir encore du droit d'approvisionnement qui leur était reconnu par l'arrêt du conseil du 20 juin 1631 (article 80, note).

Caution. — Voir les articles 15 de la loi de 1810 et V du modèle de cahier des charges d'une concession de mines.

Chemins à établir par les concessionnaires de mines (article 43, note). — Le droit était reconnu par les anciens règlements sur les mines; par la loi de 1791 (article 43, note). — Il semble devoir l'être aussi par la législation actuelle (*ibid.*). — Conditions de l'exercice de ce droit (*ibid.*). — Voir *Chemins de fer, Occupation de terrains.*

————— à établir par les permissionnaires d'usines à fer (article 80, note). — Le droit était reconnu sous l'ancienne monarchie (arrêt de la cour des monnaies du 7 janvier 1637); — par la loi de 1791 (article 17 du titre II). — Il est nettement consacré par l'article 80 de la loi de 1810. — Formalités de l'exercice de ce droit (article 80, note). — Voir *Chemins de fer.*

————— à entretenir par les concessionnaires de mines, les exploitants de minières, tourbières et carrières, les propriétaires d'usines (loi du 21 mai 1836). — Voir *Redevance proportionnelle.*

— L'obligation, pour les concessionnaires de mines, de contribuer à la construction, à la restauration ou à l'entretien des chemins dont ils se servent pour leurs exploitations, a été consacrée, dans des cas spéciaux, par quelques anciens actes de concession, qui fixaient la quotité de la subvention à fournir.

La loi du 16 septembre 1807, sur le desséchement des marais, etc., traitant, à l'article 38, des travaux de route et de navigation relatifs à l'exploitation des mines ou minières, appelle les propriétaires à contribuer à la dépense, en proportion des avantages qu'ils devront en recueillir.

La loi du 21 mai 1836, sur les chemins vicinaux, n'a fait que reproduire, en le développant dans l'article 14, le principe posé dans l'article 7 de la loi du 28 juillet 1824, à laquelle elle succédait.

Cette disposition, favorable à l'entretien des chemins vicinaux et dont il ne peut être question davantage dans ce Résumé, s'applique généralement, comme on sait, à toute entreprise industrielle.

————— de fer. — L'article 3 de la loi du 15 juillet 1845, sur la police de ces voies de communication, prévoit leurs relations avec les exploitations minérales.

Les cahiers des charges annexés aux actes de concession des chemins de fer règlent ces relations pour les mines (T. V, note) et les carrières (T. VIII, S°° I°°, note).

Elles sont aussi prévues, pour les mines, par l'article II² du modèle de cahier des charges. — Exemple de contestations entre les concessionnaires d'une mine et les concessionnaires d'un chemin de fer, à raison de la traversée des travaux de la mine par ce chemin (T. V, note). — Compétence exclusive de l'autorité judiciaire pour le règlement des indemnités dues, en pareil cas, aux premiers par les seconds (*ibid.*). — Exemple d'une action, nécessairement judiciaire, intentée par des propriétaires du sol à raison de la privation de redevance tréfoncière par le fait d'un chemin de fer (T. V, note).

L'occupation de terrains permise, par la loi de 1810, en faveur des concessionnaires de mines (article 43, note) et des permissionnaires d'usines (article 80, note), ne semble point applicable à l'établissement d'un chemin de fer.

————— Voir *Carrières, Minières, Tourbières.*

Chirurgien attaché au service d'une concession de mines (article 16 du décret de 1813).

Classement légal des exploitations minérales. — Voir *Substances minérales.*

Clôture. — Voir *Attenant, Carrières.*

Coke. — Voir *Houille.*

Commune. — Elle peut être concessionnaire de mines (article 13, note). — Elle a droit à la redevance tréfoncière afférente aux chemins communaux (article 42, note). — Voir *Forêts, Substances minérales.*

Compagnie. — Interprétation des mots *et compagnie* dans un décret de concession de mines (article 28, note). — Voir *Société.*

Compétence administrative. — Voir *Décret, Fer* (mines), *Formalités, Mines métalliques, Occupation de terrains, Oppositions, Publicité.*
——————— du conseil de préfecture. — Voir ces mots.
——————— judiciaire. — Elle est la règle générale dans la législation de 1810. MINES. — Elle comprend les indemnités dont l'origine est dans les travaux des mines (instruction de 1810, section B). — La seule exception est écrite dans l'article 46. — Les actions pour dommages causés aux champs par les travaux de mines excèdent la compétence du juge de paix (T. IX, note). — Les indemnités pour occupation des terrains nécessaires à l'exploration (article 10, note 2) ou à l'exploitation (articles 43 et 44, et notes) sont de la compétence judiciaire. — Variations de la jurisprudence à cet égard (article 10, note 2). — Il en est de même des indemnités dues pour travaux illicites (articles 10 et 43, note); — des difficultés auxquelles donnent lieu les articles 11 et 15; — des débats entre concessionnaires voisins pour préjudice (article 45, note); — entre les membres d'une société con-

cessionnaire de mines (articles 7, § 2, et 28, § 1, notes); — entre des concessionnaires de mines et des concessionnaires de chemins de fer (T. V, note); — des cas extraordinaires prévus par l'article 55; — des contestations de voisinage entre exploitants antérieurs à 1810 (article 56, § 2). — Voir *Chemins de fer, Fer* (mines), *Mines métalliques, Oppositions.*

Répression des contraventions (T. X). — Voir *Cahier des charges, Décret de concession.*

Minières. — Elle comprend les indemnités prévues par les articles 63, 65 et 66 de la loi (article 65, note).

Répression des infractions à la loi de 1810 (T. X, note) et aux règlements de minières, alors même qu'il s'agit de faits se rattachant à la grande voirie (T. VIII, S⁰ⁿ Iʳᵉ, note).

Tourbières. — Même principe (*ibid.*).

Carrières. — Même principe. Voir le mot.

Usines minéralurgiques. — Les indemnités pour occupation de terrains, faites en exécution de l'article 80, sont de la compétence judiciaire (note). — Il en est naturellement de même des difficultés auxquelles peut donner lieu l'application de l'article 11 dans cette circonstance.

Répression des contraventions (T. X, note). — Voir *Décret de permission, Lavoirs, Patouillets.*

Concession. — C'est elle qui caractérise la mine (article 5). — Nature propre de la concession (*idem*, note). — Modèle d'acte de concession adopté par l'administration (*ibid.*). — La concession d'une mine comprend tous les gîtes de même nature (*ibid.*), toutes les substances minérales connexes, alternées ou juxtaposées (article 29, note). — Elle ne comprend pas les substances de nature différente qui forment des gîtes distincts (*ibid.*). — Voir *Mines métalliques.* — Individus aptes à demander une concession (articles 3, note, et 14). — Le gouvernement a toute liberté dans le choix du concessionnaire (articles 16 et 28, § 1, note). — Voir *Belgique.*

Formalités de l'institution d'une concession (instruction de 1810, section A, § 2). — Une concession peut comprendre des terrains qui n'ont pas été indiqués par le demandeur (article 26, note). — Voir *Affiches, Concurrence, Demande, Décret, Formalités, Oppositions, Propriété, Publications, Publicité, Sel.* Voir, d'ailleurs, la plupart des mots du Résumé.

Concessions anciennes. — Régime de transition de la loi de 1791 à la loi de 1810 (T. VI et notes). — Conséquences civiles et administratives (*ibid.*). — Droits réels des concessionnaires anciens ou de leurs ayants droit (articles 51, 53 et notes). — Délimitation des concessions anciennes

(articles 53, note, et 56). — Elles payent les redevances publiques (articles 52 et 54). — Se reporter à la note qui accompagne l'article D du modèle d'acte de concession. — Voir *Fer*.

————— limitrophes. — Leurs relations (articles 45 de la loi et V du modèle de cahier des charges).

————— superposées. — Cas où elles peuvent exister (article 29, note). — Elles doivent payer chacune la redevance fixe (article 34, note 2). — Obligations mutuelles des concessionnaires (articles C et K², T¹, T², V et Z des modèles d'acte de concession et de cahier des charges). — Protection à laquelle a droit un concessionnaire contre l'explorateur qui recherche des substances différentes de celles qui ont déjà été concédées (article 12, note). — Intervention de l'administration (*ibid.*). — Voir *Mines métalliques*.

Concessionnaire. — Élection obligatoire d'un domicile administratif (article I du modèle d'ordonnance de concession). — Ses devoirs envers le propriétaire du sol (articles 6, 11, 15, 42, 43 et 44, titre V et notes). — Il importe peu, en cas de dommages causés par ses travaux à la superficie, qu'il se soit conformé aux règles de l'art (T. V, note). — Relations des concessionnaires (articles 12, 45 et notes). — Voir *Société*.

Voir, d'ailleurs, la plupart des mots du Résumé.

Concurrence. — Demandes en concurrence à une concession de mines faites pendant la période de publicité : — elles sont entièrement assimilées aux oppositions (article 26, note); elles ne sont affichées, quand il y a lieu, que si elles comprennent un périmètre plus étendu que la demande primitive (*ibid.*). — Voir *Sel*.

Demandes en concurrence tardives, c'est-à-dire faites à l'expiration de la période de publicité : — elles sont entièrement assimilées aux oppositions tardives (arrêté du 27 octobre 1812, avis du conseil d'état du 3 mai 1837 et circulaire du 29 septembre suivant).

Conseil d'état. — Les décrets de concession de mines (articles 5 et 28) ou de permission d'usines (article 73), les décrets portant règlement pour les tourbières; pour les carrières, sont délibérés en conseil d'état; — en assemblée générale pour les mines (article 13, 5°, du règlement intérieur du 30 janvier 1852), — et aussi pour les usines.

Le rôle important du conseil d'état, en matière de législation minérale, est implicitement indiqué aux mots principaux de ce Résumé : il ressort trop nettement, d'ailleurs, des textes des règlements, des notes de cet ouvrage et enfin des principes du droit administratif, pour qu'il soit utile d'en parler ici avec détails.

Conseil de préfecture. — Compétence en matière de redevances publiques (article 37, § 2, et note).

Compétence exclusive pour connaître des indemnités dues, dans les cas prévus par l'article 46 de la loi de 1810, pour travaux *utiles* antérieurs à l'institution d'une concession (note). — Sens exact à donner à cet article (*idem*). — Sens du mot *utiles* (*idem*). — C'est au conseil de préfecture à nommer les experts (*idem*).

Compétence pour le règlement des indemnités dues dans le cas où un concessionnaire est obligé de souffrir les travaux utiles à l'exploitation des minerais étrangers à sa concession ou le passage à travers ses propres travaux (article Z du modèle de cahier des charges).

La cour de cassation n'admet pas l'attribution au conseil de préfecture, mentionnée dans tous les règlements de carrières, des infractions ayant pour effet de porter atteinte à la conservation des voies de communication (T. VIII, S⁰ⁿ Iʳᵉ, note).

Constructions. — Voir *Carrières, Habitations.*

Contentieuse (Voie). — Absence de recours de cette nature contre un décret de concession de mines (article 28, § 1, note) ou de permission d'usines (article 73, note) régulièrement rendu. — La voie contentieuse est celle à suivre pour demander l'interprétation d'un décret de concession de mines (article 28, § 1, note). — Il ne paraît pas devoir en être ainsi lorsqu'il s'agit d'une simple rectification (*ibid.*). — La voie contentieuse est nécessairement celle du recours contre les arrêtés des conseils de préfecture; et contre les décisions des préfets, du ministre, lorsque les actes de ces deux autorités n'ont pas un caractère purement administratif.

Voir *Formalités.*

Contravention. — Dans la loi de 1810, ce mot ne doit pas être pris dans le sens précis qui lui est attribué par le code pénal; il faut le remplacer par *délit,* ce qui est important au double point de vue de la prescription des infractions et de celle des condamnations (article 96, note). — Voir *Détention, Pénalités.*

Cours d'eau. — Leurs relations avec les mines (comme *Bassins*). — Voir *Lavoirs*, *Patouillets*, *Usines minéralurgiques*.

Dangers dans les mines. — Article N du modèle de cahier des charges. — Voir *Accidents*, *Surveillance administrative*.

Décentralisation administrative. — Elle comprend l'exécution de l'article 80 (note). — Voir *Algérie*, *Bassins*, *Bocards*, *Lavoirs*, *Patouillets*.

Déchéance. — Voir *Retrait*.

Décret de concession de mines. — Sa forme (articles 5 et 28, § 1; instruction de 1810, section A, § 2; circulaire du 8 octobre 1843). — Compétence exclusive du gouvernement pour l'interpréter (article 28, § 1, note). — L'interprétation doit être motivée par une instance; application à deux espèces intéressantes, différentes quant à la voie adoptée pour le recours; cas où l'autorité judiciaire a pu connaître d'une question analogue (*ibid.*). — Le décret ne fait point obstacle à certaines actions judiciaires (*ibid.*). — La critique d'un décret de concession doit être portée devant le souverain par la voie gracieuse (*ibid.*). — La distinction pénale indiquée à propos du cahier des charges doit être rappelée ici. — Article M du modèle d'ordonnance de concession.

———— de permission d'usines minéralurgiques. — Sa forme (article 73; instruction de 1810, section A, § 8). — Le modèle adopté par l'administration interdit naturellement toute modification, sans autorisation, de l'état de choses réglé par le décret. — Voir *Révocation*. — Les principes qui viennent d'être rappelés au sujet de l'interprétation ou de la critique des décrets de concession de mines, de la liberté laissée à l'autorité judiciaire, sont également applicables aux usines. — Distinction qui doit être faite, pour la répression pénale, entre les infractions aux dispositions que renferme le décret de permission, suivant qu'elles constituent ou non une *contravention aux lois et règlements sur les usines* (T. X, note). — La répression des infractions *minéralurgiques* a nécessairement pour sanction le titre X de la loi de 1810; mais il ne doit pas en être de même des infractions *hydrauliques* (article 77, note).

Voir *Formalités*, *Oppositions*.

Délit. — Voir *Contravention*, *Détention*, *Pénalités*.

Demande. — Voir *Concession, Concurrence, Permission*, etc. — C'est le ministre qui rejette les demandes en concession de mines (article 22, note), ou en permission d'usines, de manière à permettre un recours au souverain par la voie contentieuse; car, en principe, le refus n'appartient évidemment qu'à l'autorité qui a le droit d'accorder une autorisation.

— Il importe de remarquer qu'aux termes de l'article 12 de la loi du 13 brumaire an VII, sur le timbre, toute demande adressée à une administration doit être rédigée sur papier timbré. L'omission de cette formalité peut occasionner, pour les pétitionnaires, des retards préjudiciables à leurs intérêts. — D'autre part, l'article 67 de la loi du 22 frimaire an VII, sur l'enregistrement, prescrit aux administrations civiles de ne prendre aucun arrêté en faveur des particuliers sur des actes non enregistrés, à peine d'être personnellement responsables des droits.

Département. — Il a droit à la redevance tréfoncière afférente aux routes départementales (article 42, note).

Nomenclatures des départements où il existe des règlements de minières (T. VII, S⁰ⁿ II, note), tourbières (T. VIII, S⁰ⁿ II, note), carrières (T. VIII, S⁰ⁿ Iʳᵉ, note).

Détention. — Cette peine est prononcée par l'article 96 de la loi de 1810, mais seulement en cas de récidive (note).

Division d'une concession de mines (article 7, § 2, note.) — Elle est interdite sans une autorisation accordée dans la même forme que la concession (*ibid.*). — N'est pas toujours possible (*ibid.*).

Dommages causés à la superficie par des travaux de mines. — Il y a lieu alors à indemnité par le concessionnaire envers le propriétaire du sol (article 44, note). — Le principe en est écrit partout dans la loi (article 6, note). — Elle semble devoir être régie par les articles 43 et 44 (article 44, note). — Exemples d'actions intentées à des concessionnaires par les propriétaires du sol (T. V, note). — Sens des mots *avant l'exploitation de la mine* qui terminent l'article 44 (note). — Voir *Expertises* au sujet de ce même article. — Voir *Compétence judiciaire, Redevance tréfoncière, Sources*.

Douanes. — Voir *Usines minéralurgiques*.

Eaux. — Voir *Asséchement, Concessions limitrophes, Cours d'eau.*

Exemples d'ac ions intentées à des concessionnaires de mines par les propriétaires du sol, à raison de dommages causés par des eaux venant des travaux intérieurs d'une mine (T. V, note). — Voir *Houille, Sources.*

———— salées. — Voir *Sel.*

———— de lavage du minerai. — Voir *Bassins d'épuration, Lavoirs, Patouillets.*

Édifices. — Voir *Habitations.*

Enfants employés dans les mines (note du titre V).

Établissements publics. — Voir *Forêts, Substances minérales.*

État. — Il peut être concessionnaire de mines (article 13, note); voir l'instruction de 1814. — Il a droit à la redevance tréfoncière afférente aux routes impériales (article 42, note). — Voir *Forêts, Substances minérales.*

Expertises. — Voir le titre IX de la loi de 1810, qui règle complétement la matière.

Sens qui doit être donné au premier membre de phrase du second alinéa de l'article 44 (note). — Voir *Dommages* au sujet de ce même article.

Voir *Conseil de préfecture.*

Extension d'une concession de mines. — Elle s'obtient dans les mêmes formes que l'institution de la concession (article 7, S 2, note).

Fer. — Historique de la législation du fer (De la législation minérale sous l'ancienne monarchie, p. 100 et suivantes). — Législation actuelle (article 3, titre VII, sections I, II et III, notes). — Le minerai de fer appartient aux mines ou aux minières, suivant les conditions d'exploitation (articles 2, 3, 69, 70 et notes). — L'ocre est classée parmi les carrières, à moins qu'on ne veuille l'extraire pour en retirer le fer. — Voir *Algérie, Pyrites de fer.*

Mines (articles 2, 68, 69, 70 et notes). — Restriction récemment apportée, par le conseil d'état, aux droits jusqu'alors reconnus aux propriétaires du sol sur les minerais de fer exploitables à ciel ouvert (article 69, note). — Voir les articles B¹ du modèle d'ordonnance de concession et O³, O⁴, O⁵ du modèle de cahier des charges. Lorsqu'il s'agit de concessions anciennes, ces trois derniers sont remplacés par un article spécial, indiqué en note de l'article O³.

Le concessionnaire doit livrer le minerai aux usines existantes à un prix fixé par l'administration (article 70 et note), — alors même qu'il est maître de forges (*ibid.*). — Il peut être obligé, par l'acte de concession, à fournir du minerai à ses voisins, mais alors la fixation de prix est de la compétence judiciaire (*ibid.*). — Fin du débat engagé au sujet de la question d'approvisionnement dont il est question dans l'article 70, 1° (note).

Indépendance, au point de vue de la redevance proportionnelle, entre une mine de fer et les usines qu'elle alimente (article 34, note).

———— *carbonaté lithoïde.* — Voir les articles C du modèle d'ordonnance de concession et Z du modèle de cahier des charges. — Une ordonnance royale, du 21 novembre 1821, règle le mode d'exploitation de ce minerai de fer dans les terrains houillers du département de la Loire.

Minières. — Leur caractère technique (circulaire du 30 juin 1819). — Absence de règlement général pour les minières de fer. — Le premier règlement particulier est celui du Cher. — Nomenclature des départements auxquels il a été successivement appliqué, avec quelques améliorations (T. VII, S^{on} II, note). — Critique de la distinction de compétence, introduite jusqu'à présent dans les règlements de minières de fer, au sujet des contraventions qui portaient atteinte aux chemins (T. VIII, S^{on} Ire, note).

Situation faite au propriétaire du sol, s'il possède un fonds à minerai de fer, vis-à-vis des maîtres de forges (articles 59 à 62, et notes). — Cette situation est la même si ce propriétaire ou son ayant droit est également maître de forges; il en était de même sous l'ancienne monarchie (article 64, S 2, note). — Droits attribués aux maîtres de forges du voisinage, légalement institués, à l'égard du propriétaire d'un terrain à minerai de fer (articles 59 à 62, notes). — Cas de concurrence entre des maîtres de forges pour l'exploitation d'un fonds (article 64 et note); — pour l'achat du minerai d'un propriétaire (*ibid.*). — Distinction subtile faite par la cour de cassation entre le minerai *extrait* et le minerai *non extrait* (article 59, note 1). — Quand le propriétaire du minerai a desservi les usines du voisinage, il a la libre disposition de son minerai.

Voir *Compétence judiciaire, Forêts, Propriété, Vente.*

Forêts domaniales, communales ou appartenant à un établissement public. — Articles H³, H⁴ et H⁵ du modèle de cahier des charges d'une concession de mines. — Article 144 du code forestier. — Article 67 de la loi de 1810: c'est le préfet qui délivre la permission; voir la circulaire du 16 décembre 1848.

Voir *Substances minérales, Usines minéralurgiques.*

Forges. — Voir les obligations et les droits des maîtres de forges aux mots *Attenant, Castine, Chemins, Fer, Lavoirs, Patouillets.*

Formalités de l'instruction d'une demande en concession de mines. — Leur accomplissement ne relève que de l'autorité administrative (article 28, § 1, note). — S'il n'est pas régulier, l'acte de concession doit être rapporté; exemple (*ibid.*). — Le recours doit être formé par la voie contentieuse (*ibid.*).

———— de l'instruction d'une demande en permission d'usines minéralurgiques : mêmes règles.

Voir, en outre, *Affiches, Chemins, Lavoirs, Patouillets, Publications.*

Fourneaux (Hauts). — Clause particulière d'activité insérée dans les décrets de permission de ces usines (article 73, note). — Elles sont rangées dans la première classe des établissements insalubres (circulaire de 1845).

Gracieuse (Voie). — Elle est celle du recours d'un concessionnaire de mines contre l'acte institutif dont il croit avoir à se plaindre (article 28, § 1, note), — et des opposants évincés contre le même acte (*ibid.*).

Il en est de même, à cet égard, pour les permissionnaires d'usines minéralurgiques et les opposants (article 73, note).

La voie gracieuse est naturellement la seule voie de recours contre les décisions purement administratives du ministre et des préfets.

Habitations. — Articles 15 et 50, titre V de la loi, et notes; article H¹ du modèle de cahier des charges d'une concession de mines. — La protection qui leur est due est indépendante de la date de leur construction (T. V et article 50, notes). — Voir *Carrières.*

Houille. — Articles C du modèle d'ordonnance de concession de mines et O¹, O², Z du modèle de cahier des charges. — Voir *Fer carbonaté lithoïde.* — Un concessionnaire de houillères qui convertit son charbon en coke n'est pas soumis à la patente (article 32, note). — Bases de la redevance proportionnelle sur les mines de houille (article 34, note). — Exemple de dommages causés au propriétaire de la superficie par des eaux de lavage de la houille (T. V, note).

Hypothèques. — Articles 18, 19, 20 et 21 de la loi.

Immeubles en matière de mines. — Article 8 de la loi.

Impôt. — Voir *Amodiation*, *Demande*, *Patente*, *Redevances publiques*, *Vente*.

Indemnités. — Voir *Compétence judiciaire*, *Conseil de préfecture*, *Inventeur*, *Occupation de terrains*, *Recherches*.

Inondations. — Voir *Asséchement*.

Inventeur. — Articles 16, 17, 46 de la loi et E[1], F du modèle de cahier des charges d'une concession de mines.

Lampes de sûreté. — Voir l'article O[2] du modèle de cahier des charges d'une concession de mines, l'instruction d'avril 1824 et les circulaires des 10 mai 1824 et 14 août 1832.

Lavoirs proprement dits; c'est-à-dire à cheval ou à bras. — Ils ne sont pas régis par l'article 73 de la loi de 1810, comme les patouillets ou lavoirs mus par des roues hydrauliques (note). — Confusion regrettable faite à cet égard par la cour de cassation (*ibid.*) et le conseil d'état (articles 76, note, et 80, note). — Ils ne sont assujettis qu'aux formalités prescrites pour les usines hydrauliques (article 73, note), et ne donnent pas lieu au payement de la taxe imposée par l'article 75 (note). — La répression des contraventions en cette matière n'a pas pour sanction le titre X de la loi de 1810 (articles 73 et 77, notes).

Les lavoirs sont aujourd'hui décentralisés (article 73, note), — sauf en Algérie (*ibid.*). — Le système d'instruction des demandes en autorisation est résumé dans la circulaire du 20 février 1852 (*ibid.*). — On trouve dans le même document tout ce qui concerne l'épuration des eaux bourbeuses provenant du lavage du minerai (*ibid.*). — Obligation à laquelle est assujetti le demandeur qui n'est pas maître de forges (*ibid.*). — Les lavoirs alimentés par des eaux non courantes ne donnent lieu à aucune mesure réglementaire (*ibid.*). — Il en est de même du *relavage* du minerai (*ibid.*).

La question de salubrité est de la compétence de l'autorité municipale (*ibid.*). — La question des dommages ne peut être portée par les tiers que devant l'autorité judiciaire (*ibid.*). — Celle-ci peut faire détruire les lavoirs dont l'existence n'est pas régulière (*ibid.*). — Les maîtres de forges, régulièrement institués, tiennent de la loi de 1810 le droit d'établir leurs lavoirs sur le terrain d'autrui, après qu'ils en ont obtenu l'autorisation, tant au point de vue du lavoir qu'au point de vue de l'occupation des terrains (article 80, note). — C'est à l'autorité administrative à permettre l'occupation des terrains; c'est à l'autorité judiciaire à régler la question d'indemnités (article 80, note).

On doit regarder, depuis le décret sur la décentralisation administrative, l'exécution de l'article 80 comme implicitement confiée aux préfets (*ibid.*). — Le délai dont parle l'article 80 est indépendant de celui de l'instruction (*ibid.*). — Cette instruction et celle de l'autorisation des lavoirs sont identiques; elles peuvent évidemment se confondre (*ibid.*). — Voir *Attenant.*

Lignite. — Voir *Anthracite.*

Limites d'une concession de mines. — Les terrains d'une même concession doivent être contigus (instruction de 1810, section A, § 2). — Article 29 et note. — Question particulière (article 28, § 1, note). — Conditions à remplir (circulaire du 15 mai 1839). — Voir *Concessions anciennes.*

Livrets d'ouvriers. — La matière est régie aujourd'hui par les règlements relatifs à tous les établissements industriels, indiqués dans la note du titre V.

Louage. — Voir *Amodiation.*

Machines à vapeur employées dans l'intérieur des mines (note du titre V).

Maîtres de forges. — Voir *Forges.*

Médicaments qui doivent se trouver sur une mine (articles 15 du décret de 1813 et 5 de l'ordonnance de 1843, R du modèle de cahier des charges).

Meubles en matière de mines. — Articles 8 et 9 de la loi.

Mines. — Articles 1 et 2, titres II à VI, IX et X de la loi. — L'indication des mines est purement énonciative et n'est pas limitative (article 2, note 1). — Elles constituent une dérogation à l'article 552 du code Napoléon (article 5, note). — Voir, en outre, la plupart des mots du Résumé, mais surtout *Concession, Propriété.*

———— d'anthracite, de fer, de houille, de lignite, de sel. — Voir ces mots.

———— métalliques. — Voir l'article Z [1] du modèle de cahier des charges. — Voir *Concessions superposées, Redevance proportionnelle.*

On peut citer, comme exemple des clauses spécialement insérées, au sujet de la connexité des gîtes métallifères, dans les cahiers des charges des concessions de filons, l'article suivant de plusieurs décrets du 19 août 1856, relatifs à des mines du département du Gard (pyrites de fer, zinc, plomb et autres métaux, le minerai de fer excepté comme déjà concédé) :

« Le voisinage reconnu d'un gîte de pyrites et d'un gîte de minerai de fer donnera lieu............ à l'examen immédiat de la question de fait de connexité ou non-connexité des deux gîtes. Cette question sera décidée, soit par les parties intéressées d'un commun accord, soit, en cas de contestation, par le préfet, les parties entendues, sur le rapport des ingénieurs des mines, et sauf recours au ministre de l'agriculture, du commerce et des travaux publics.

« Si le fait de connexité des pyrites et des minerais de fer est reconnu de telle sorte que les uns et les autres doivent être exploités simultanément par un même système de travaux, et, à défaut d'accord à l'amiable entre les deux concessionnaires intéressés, le préfet mettra les concessionnaires de la mine de fer en demeure de poursuivre les travaux, à la charge par eux d'exploiter les pyrites et autres métaux connexes avec les minerais de fer, pour les livrer aux concessionnaires des mines de pyrites, moyennant le remboursement des frais d'exploitation de toute nature, lesquels seront réglés à l'amiable et par experts.

« Si les concessionnaires de la mine de fer, après avoir été mis en demeure, refusent ou négligent de poursuivre les travaux d'exploitation sur les minerais connexes, les concessionnaires des mines de pyrites pourront les continuer, à la charge par eux de livrer les minerais de fer aux concessionnaires à qui ils appartiennent, moyennant le remboursement des frais d'exploitation de toute nature qui seront réglés à l'amiable ou par experts. »

Minières. — Articles 1 et 3, titres VII (S^ons I, II et III), IX et X.

L'indication des minières est essentiellement limitative (article 1, note 2 ; article 3, note 1). — Le régime des minières de fer est commun aux minières en général. — Le caractère essentiel des minières réside dans l'obligation où est le propriétaire du sol de les exploiter ou de les laisser exploiter à sa place, moyennant indemnité.

Voir *Fer, Pyrites de fer, Propriété, Terres alumineuses, Vente.*

Ministre. — Caractère de son avis en matière de concession de mines (article 28, S 1, note) et de permission d'usines minéralurgiques (article 73, note).

Il est évidemment inutile d'indiquer avec détails le rôle propre du ministre comme fonctionnaire administratif, et son rôle comme supérieur hiérarchique du préfet, en matière de législation minérale. Ce double rôle ressort suffisamment des textes des règlements, des notes de cet ouvrage, des indications contenues dans ce Résumé enfin des principes du droit administratif.

Mutation. — Voir *Vente*.

Occupation de terrains pour l'exploration des mines. — Voir *Recherches*.
——————— de terrains pour l'exploitation des mines (articles 43 et 44, notes).
— Elle dérive de l'acte de concession et est exclusivement de la compétence administrative (article 43, note). — C'est le préfet qui autorise, en premier ressort, les concessionnaires de mines à faire cette occupation (*ibid.*).
— Erreur grave commise à cet égard dans l'arrêté du 7 octobre 1837 et la circulaire du 5 novembre suivant (article 10, note 2). — Cette occupation de terrains ne peut avoir lieu que pour le périmètre concédé (*ibid.*) et en dehors du rayon de protection de l'article 11. — Elle comprend les terrains nécessaires à l'établissement des machines, des bâtiments, des haldes, des chemins (articles 43 et 44, notes). — Elle peut aboutir à l'acquisition forcée des terrains (article 44).
——————— de terrains par les maîtres de forges, dans les cas prévus par l'article 80 (note). — Voir *Décentralisation administrative, Lavoirs, Patouillets.*
Voir *Attenant, Chemins de fer, Compétence judiciaire.*
Toutes les indemnités pour occupation de terrains, en vertu de la loi de 1810, sont de la compétence judiciaire.

Oppositions à une concession de mines faites pendant la période de publicité. — Admission, enregistrement, notification à la préfecture et aux parties intéressées (article 26 et note). — L'enregistrement et la notification ne sont pas nécessaires pour les répliques à ces oppositions (*ibid.*).
——————— tardives, c'est-à-dire faites après l'expiration de la période de publicité. — Elles sont admissibles jusqu'au dernier moment (article 28, § 2). — Devant qui et dans quelle forme (*idem*, et note, arrêté du 27 novembre 1812)?
——————— fondées sur une question de propriété. — Renvoi à l'autorité judiciaire, par qui (article 28, § 3, et note)?
——————— aux demandes en permission d'usines minéralurgiques. — Elles doivent être communiquées au demandeur. — Voir *Voie gracieuse.* — Exemple de rejet d'une opposition à une usine à fer (article 73, note).

Ouvriers. — Voir *Chirurgien*, *Enfants*, *Livrets.*

Patente. — Les concessionnaires de mines en sont exempts (article 32 et note), — alors même qu'ils sont réunis pour l'exploitation et la vente en commun (*ibid.*), — pourvu cependant qu'ils se bornent strictement à ces deux opérations (*ibid.*). — Un concessionnaire n'est pas assujetti à la patente par cela seul qu'il a établi un entrepôt dans une ville voisine (D. C. 6 mai 1857).
Voir *Algérie*, *Houille*, *Recherches*, *Sel.*
———— Minières, tourbières, carrières (article 32, note).

Patouillets. — Voir *Usines minéralurgiques.* Ils sont compris dans la décentralisation administrative (article 73, note), — sauf en Algérie (*ibid.*). — Le système d'instruction des demandes en permission est résumé dans la circulaire du 20 février 1852 (*ibid.*). — On trouve dans le même document tout ce qui concerne l'épuration des eaux bourbeuses provenant du lavage des minerais (*ibid.*). — Cette instruction comprend la seconde enquête prescrite par la circulaire de 1834 (T. VII, S^{on} IV, note). — Obligation à laquelle est assujetti le demandeur qui n'est pas maître de forges (article 73, note). — La question de dommages ne peut être portée par les tiers que devant l'autorité judiciaire (*ibid.*). — Les patouillets donnent lieu au payement d'une taxe de permission (articles 73 et 75). — La répression des infractions *minéralurgiques* en cette matière a pour sanction le titre X de la loi de 1810, mais il ne doit pas en être de même des infractions *hydrauliques* (article 77, note). — Exemple d'une révocation de permission par l'autorité judiciaire (*ibid.*).
Quant à l'exécution de l'article 80 en matière de patouillets, il faudrait évidemment répéter textuellement ce qui a été dit au sujet de cet article à *Lavoirs.*

Pénalités. — Le titre X de la loi de 1810 s'applique aux minières, aux tourbières (voir, en outre, l'article 84), aux carrières souterraines, aux usines minéralurgiques proprement dites, aussi bien qu'aux mines (note). — Il ne s'applique point aux carrières à ciel ouvert (*ibid.*), ni aux lavoirs (articles 73 et 77, notes). — Voir *Amende*, *Cahier des charges*, *Contravention*, *Décret*, *Détention*, *Procès-verbaux*, *Usines minéralurgiques.*
L'application de l'article 463 du code pénal n'a pas lieu en matière d'infractions à la loi de 1810 et aux règlements qui lui empruntent sa sanction pénale (article 96, note).
Responsabilité légale des concessionnaires de mines ou des permission-

naires d'usines (T. X, article 96 , notes), — évidemment_personnelle, — collective ou individuelle? Difficultés de la question (T. X , note).

Permission. — Voir *Bocards, Carrières, Chemins, Demande, Lavoirs, Minières, Occupation de terrains, Patouillets, Recherches, Surveillance administrative, Tourbières, Usines minéralurgiques.*

Plans à annexer aux demandes en concession de mines (article 30 et note). — Conditions qu'ils doivent remplir (circulaire du 15 mai 1839). — Voir *Sel.*

————— des travaux souterrains (note du titre V). — L'article E, cité dans cette note, est maintenant complété par l'alinéa suivant :

« Les cotes de dépression des points principaux, tels que les orifices des puits ou galeries, les points de jonction des galeries avec les puits et les intersections des galeries entre elles, par rapport à un plan horizontal fixe et déterminé, seront écrites en mètres et centimètres sur les plans. »

Voir *Redevance tréfoncière.*

————— à annexer aux demandes en permission d'usines minéralurgiques (arrêté de 1811, circulaire du 16 mai 1839).

————— des carrières souterraines (instruction de 1810, section A, S 7).

Préfet. — Caractère de son avis en matière de concession de mines (article 28, S 1, note) et de permission d'usines minéralurgiques (article 73, note).

Il est évidemment inutile d'indiquer avec détails le rôle du préfet, comme agent administratif, en matière de législation minérale. Ce rôle ressort suffisamment des textes des règlements, des notes de cet ouvrage, des indications contenues dans ce Résumé, et enfin des principes du droit administratif. — Il convient seulement de rappeler ici le rôle actuellement attribué au préfet par le décret sur la décentralisation administrative, en ce qui concerne les patouillets, lavoirs et bocards (article 73, note).

Priviléges en matière de mines. — Articles 20 et 21 de la loi.

————— des concessionnaires de mines. — Voir *Occupation de terrains.*

————— des maîtres de forges. — Voir *Bassins, Castine, Chemins, Fer, Lavoirs, Patouillets.*

Procès-verbaux. — Le droit d'en dresser, pour infractions à la loi de 1810, appartient, indépendamment des fonctionnaires et agents du service des mines, à tous les officiers de police judiciaire (T. X, note). — Leur notification à la partie citée n'est pas nécessaire (*ibid.*). — Voir *Pénalités.*

————— de visite des mines. — Articles 6 et 23 du décret de 1813.

Propriétaire du sol, — n'a absolument aucun droit sur les mines que peut recéler son fonds (article 5 et note). — Droits spéciaux qui lui sont reconnus (articles 6, 10, 11, 15, 18, 19, 42, 43, 44 et notes). — Sa position réelle vis-à-vis des concessionnaires de mines, ses obligations envers eux (T. V, note). — L'administration seule détermine le droit du propriétaire du sol sur les produits des mines, même en cas de travaux illicites sur son terrain, (article 10, note 2). — Variations à cet égard de la jurisprudence de la cour de cassation (*ibid.*). — Jurisprudence constante du conseil d'état (*ibid.*). — Le propriétaire a, d'ailleurs, dans le cas de travaux illicites, droit à des dommages-intérêts (*ibid.*, article 43, note). — Voir *Recherches.*

Voir, au sujet des minières, tourbières et carrières, le mot suivant.

Propriété des mines. — Voir *Concession.* — Ses conditions générales et particulières (article 7 et notes). — Sa nature (articles 17, 19, 20 et 21). — En cas d'une modification quelconque, si le propriétaire n'est pas le titulaire primitif, il doit prouver son droit de propriété.

————— des minières. — Voir ce mot, auquel est indiquée la différence essentielle qui existe entre cette propriété et une propriété ordinaire.

————— des tourbières. — Ne diffère en rien de la propriété ordinaire.

————— des carrières. — (*Ibid.*)

L'exploitation des minières, des tourbières et des carrières doit, d'ailleurs, avoir lieu suivant des conditions administratives ou techniques, dont l'ensemble se trouve suffisamment indiqué dans les règlements spéciaux.

Voir les articles 598 (en ne perdant pas de vue que la promulgation du code civil a été faite sous le régime de la loi de 1791), 815, 826 et 827 (auxquels l'article 7, S 2, de la loi de 1810 apporte une restriction évidente), et 1403 du code Napoléon.

Voir *Usines minéralurgiques, Vente.*

Prusse rhénane. — La législation française de 1810 n'a pas cessé d'y être en vigueur.

Publications des demandes en concession de mines : les conditions de temps et de lieu sont celles des affiches (articles 22, 24 et 27).

————— des demandes en permission d'usines minéralurgiques (article 74, note).

Publicité de l'instruction d'une demande en concession de mines ou en permission d'usines minéralurgiques. — Voir *Affiches, Formalités, Publications.* — L'administration est souveraine pour apprécier une prescription de publicité (article 28, note 2).

Pyrites de fer. — Elles appartiennent aux mines, aux minières ou aux carrières, suivant l'usage auquel elles sont destinées (article 3, note 1). — Voir *Mines métalliques.*

Recherches de mines. — Conditions qu'elles doivent remplir pour permettre l'institution d'une concession (circulaire du 31 octobre 1837). — Nature des travaux de recherches (T. III, S^on Ire, note). — Elles sont soumises à la surveillance administrative (*ibid.*). — Article 20 de la loi.

Elles sont librement faites par le propriétaire du sol ou son ayant droit (T. III, S^on Ire, note; articles 10, 12, et notes). — Elles peuvent être faites malgré lui (*ibid.*). — Formes à suivre pour obtenir alors l'autorisation nécessaire (*ibid.*). — Cette autorisation est donnée par un décret (article 10 et note 1). — Le règlement des indemnités est de la compétence judiciaire (article 10, note 2). — Le propriétaire du sol n'a aucun droit à une indemnité spéciale pour droit de recherches (*ibid.*).

Des recherches ne peuvent être opérées dans l'étendue d'une concession, sauf pour les gîtes de nature différente de celle des gîtes concédés, et pourvu que les uns n'aient avec les autres aucune relation de connexion, d'alternance ou de juxtaposition (article 12 et note). — Voir *Concessions superposées.*

La vente des produits de recherches ne peut être faite qu'après autorisation ministérielle (T. III, S^on Ire, note). — Ces produits ne sont alors assujettis ni à la redevance proportionnelle (*ibid.*), ni à la patente (article 32, note). — Détermination par l'administration de la part attribuée au propriétaire du sol (T. III, S^on Ire, note).

———— de minières, tourbières et carrières. — Elles ne peuvent être faites que par le propriétaire du sol ou son ayant droit.

Voir *Attenant, Sel, Société anonyme, Sondages, Substances minérales.*

Récidive. — Voir *Détention.* — Il importe peu que la première contravention ait été commise par le prévenu dans un établissement autre que celui où la seconde contravention a été commise (article 96, note).

Redevances publiques. — Articles 33 à 41, et notes. — Cet impôt est régi et perçu comme la contribution foncière; les mêmes règles sont notamment applicables aux demandes en dégrèvement (article 37, note).

La loi de 1810 et le décret de 1811 indiquent la voie de recours ouverte
aux contribuables, s'ils ont à se plaindre des décisions du comité d'évaluation;
mais ils gardent le silence sur le cas où ces décisions blessent les intérêts du
trésor. — Il semble équitable, rationnel et conforme aux principes du droit
administratif, de donner aussi, dans ce cas, au comité d'évaluation le conseil
de préfecture comme tribunal d'appel.

Les redevances publiques ne forment plus un fonds spécial (article 39
et note). — Régime antérieur à 1810 (article 40 et note). — Concessions
anciennes (articles 50 et 54).

Redevance fixe. — Articles 33, 34, § 1, et notes. — Elle est toujours
due, même pour les mines non exploitées (article 34, note 3). — Le seul
cas d'exemption peut se présenter au moment de la renonciation à une concession (*ibid.*). — Voir *Concessions superposées.*

—————— proportionnelle. — Articles 33, 34, § 2, 35 à 40. — Bases essentielles
de cet impôt spécial (articles 34, § 2, 37 et notes). — Appréciation du produit
net, du prix moyen (article 34, note). — Dans les dépenses d'exploitation
ne doivent pas non plus être comptées (D. C. 7 mai 1857) les subventions
payées pour l'entretien des chemins vicinaux, en vertu de l'article 14 de la
loi de 1836; les secours extraordinaires distribués aux ouvriers à raison de
la cherté des subsistances; les gratifications accordées à titre d'encouragement ou à l'occasion d'une fête; les frais d'entretien des écoles d'instruction primaire pour les ouvriers ou leurs enfants. — Évaluation particulière
des minerais métalliques (*ibid.*). — Abonnements (article 35, note). — Remise (article 38). — Voir *Houille, Recherches, Redevance tréfoncière, Sel.*

—————— tréfoncière. — Articles 6, 17, 18, 19, 42, 51, 52, et notes. — Contradiction entre les articles 6 et 42. — Opinion du conseil des mines de 1810
sur la nature de cette rétribution (article 6, note). — Il ne sera peut-être
pas sans intérêt, eu égard aux controverses fréquentes dont la redevance tréfoncière des mines est l'objet, de donner ici le relevé des dispositions y relatives, extraites des premiers actes de concession rendus sous le régime de la
loi de 1810. Ce relevé, arrêté à la première Restauration, fait, en quelque
sorte, connaître la manière de voir du conseil d'état impérial qui venait
de rédiger la loi :

1812, 28 mai (article 3). — Aude. — Houille. — Le concessionnaire remplira, sous peine d'y être contraint, les obligations résultant de ses propositions en faveur des propriétaires de la surface, consistant, savoir : 1° en

une rente annuelle de 300 francs au propriétaire du domaine de......;
2° en une rente annuelle de 20 francs à la commune de......., pour les
parties de la surface dont elle est propriétaire; 3° en une rente annuelle de
20 centimes par hectare aux autres propriétaires de la surface comprise
dans l'étendue de la concession.

1812, 29 décembre (article 5). — Gard.— Sulfate de fer.— Le concessionnaire payera à chacun des propriétaires des terrains contenus dans l'étendue du sol concédé une rente annuelle de 5 centimes par hectare, pour la
valeur des droits qui leur sont attribués par les articles 6 et 42 de la loi du
21 avril 1810, rente qui sera ajoutée à la valeur de la propriété de la surface.

1813, 3 janvier (article 6). — Hérault. — Houille. — Les concessionnaires payeront à chacun des propriétaires des terrains contenus dans
l'étendue du sol concédé, conformément à leur soumission, une rente
annuelle de 10 centimes par hectare (*la fin comme dans le cas précédent*).

1813, 7 février (article 5). — Aude. — Antimoine. — Le droit attribué,
par l'article 6 de la loi du 21 avril 1810, aux propriétaires de la surface,
sur les mines concédées, est fixé, pour la mine de....., par année, à la
somme de 30 francs, pour les vacants appartenant à la commune de......,
et à raison de 26 centimes par arpent métrique, pour les propriétaires du
surplus de la surface contenue dans les limites de la concession, conformément à leurs conventions.

1813, 8 avril (article 3). — Sambre-et-Meuse. — Houille. — Le droit
attribué, par l'article 6 de la loi du 21 avril 1810, aux propriétaires de la
surface concédée, est réglé à une somme fixe de 10 centimes par hectare,
ce qui fait pour le tout 16 fr. 50 cent., à payer annuellement aux propriétaires cumulativement, comme de droit.

1813, 26 juin (article 3). — Sambre-et-Meuse. — Houille. — Le droit
attribué, par l'article 6 de la loi du 21 avril 1810, aux propriétaires de la
surface, est réglé, en faveur de ceux de la présente concession, cumulativement, à raison de 10 centimes par hectare, à payer annuellement par
le concessionnaire, comme de droit.

1813, 26 décembre (article 3). — Hérault. — Houille. — Les concessionnaires payeront annuellement aux propriétaires de la surface de leur
concession, et conformément à leur soumission, la somme de 25 centimes
par chaque hectare de superficie.

1813, 26 décembre (article 7). — Bas-Rhin. — Houille. — Les concessionnaires payeront, à chacun des propriétaires des terrains contenus dans
l'étendue du sol concédé, une rente annuelle de 10 centimes par hectare
(*la fin comme dans les deuxième et troisième cas*).

1813, 26 décembre (article 8). — Rhin-et-Moselle. — Bois fossiles bitumineux et couches pyriteuses propres à la fabrication de l'alun et du vitriol. — Le concessionnaire délivrera annuellement, ainsi qu'il s'y est engagé et au prix d'extraction, à ceux dans les propriétés desquels s'étendent les couches de terre qu'il a droit d'exploiter, la quantité de cette terre nécessaire à leur chauffage. Le nombre des propriétaires qui auront droit à cet affouage, et la quotité nécessaire à chacun d'eux, seront réglés ultérieurement par le préfet, sauf le recours à notre ministre de l'intérieur.

Il sera tenu de payer aux propriétaires de la surface la rente de 10 centimes par hectare, consentie par eux, pour satisfaire aux dispositions des articles 6 et 42 de la loi d'avril 1810.

— On voit que, sur neuf cas, cinq offrent une redevance de 5 ou 10 centimes, et que les quatre autres, qui ont visiblement pris naissance dans des circonstances particulières, ne présentent encore qu'une redevance tréfoncière fort modique.

— La redevance tréfoncière n'a pas pour but de mettre le propriétaire du sol à la merci du concessionnaire (article 6, note); — elle n'est soumise finalement à aucune règle (article 42, note). — Elle est déterminée par l'acte de concession (articles 6 et 42). — Elle est un acte incommutable (article 6, note). — Nullité des conventions entre le concessionnaire et le propriétaire du sol à cet égard (article 42, note). — Cas spécial d'une redevance proportionnelle aux produits de l'extraction (*ibid.*)

La redevance tréfoncière est soumise à la redevance proportionnelle, et le concessionnaire est seul tenu d'acquitter l'impôt (article 34, note). Voir *Belgique*, *Chemins de fer*, *Commune*, *Département*, *État*.

Réduction d'une concession de mines (article 7, S 2, note). — S'obtient dans la même forme que l'institution de la concession.

Registres à tenir par les concessionnaires de mines. — Articles Q, Q¹ et S du modèle de cahier des charges.

Règlements. — Voir *Département*.

Caractère de règlement de police attribué à un décret de concession de mines et au cahier des charges y annexé, à un décret de permission d'usine, quant aux dispositions qui ne sont pas empruntées aux lois et règlements (T. X, note).

Renonciation totale ou partielle à une concession de mines (article 7,

S 2, note). — Elle est soumise aux mêmes formalités que l'institution (*ibid.*). — Obligations conservatoires du concessionnaire renonçant; remboursement dû par son successeur, si le cas échet (*ibid.*). — Nécessité d'une description exacte des travaux au moment de l'abandon (*ibid.*). — La renonciation n'a d'effet que lorsqu'elle a été acceptée par le gouvernement (*ibid.*). — Voir *Redevance fixe*.

————— à une permission d'usine minéralurgique. — Le seul moyen régulier d'anéantir un titre semblable est évidemment de le rapporter par un décret (article 75, note).

Responsabilité. — Voir *Pénalités, Surveillance administrative.*

Retrait d'une concession de mines (article 7, S 1, note). — Formes dans lesquelles il est prononcé (*ibid.*). — Exemples de retraits de concession (*ibid.*). — Cas de retrait (article K du modèle de cahier des charges).

————— d'une permission d'usine minéralurgique. — Le droit de le prononcer appartient évidemment au gouvernement dans des conditions déterminées (article 73, note). — Mais il appartient également, par une exception singulière, à l'autorité judiciaire (article 77 et note).

Réunion de concessions de mines (article 7, S 2, note). — Elle est, s'il s'agit de mines de même nature, soumise à une autorisation accordée dans la même forme que l'institution d'une concession (*ibid.*). — Article nouveau inséré à ce sujet dans les décrets de concession (article 31, note).

Révocation. — Voir *Retrait*.

Routes. — Leurs relations avec les mines (article 11 ² du modèle de cahier des charges). — Voir *Commune, Département, État.*
     Voir *Carrières, Minières, Tourbières.*

Schistes bitumineux. — Voir *Bitumes.*
————— pyriteux. — Voir *Pyrites de fer.*

Sel gemme. — Historique complet de la législation du sel (De la législation minérale sous l'ancienne monarchie, pages 132 et suivantes). — Indication des documents réglementaires actuellement en vigueur (article 2, note). — Déclaration spéciale à faire en cas de recherches (article 29 de l'ordonnance de 1841). — Constatation exigée pour l'institution d'une concession

saline (article 1 de l'ordonnance de 1841). — La période de publicité des
demandes n'est que de deux mois pour les sources d'eaux salées (article 2,
idem). — Les demandes en concurrence ne sont admises pour le sel que
pendant la période de publicité (article 9, *idem*). — Conditions spéciales du
plan annexé aux demandes en concession (article 7, *idem*). — Maximum
d'étendue d'une concession saline (article 4 de la loi de 1840). — Obligation d'un projet de travaux approuvé avant de commencer l'exploitation
d'une mine de sel (T. V, note). — Les concessionnaires ne sont assujettis
qu'à la redevance fixe (article 4, S 3, de la loi de 1840). — Voir l'article O[6]
du modèle de cahier des charges, particulier aux concessions salines exploitées par dissolution. — Les concessionnaires de sources et puits d'eau salée
sont naturellement exempts de patente (article 32 et note).

Voir *Usines minéralurgiques.*

Société concessionnaire de mines, — n'est point assujettie, si elle n'est
point anonyme, à la taxe des biens de mainmorte (article 13, note). —
Justification des facultés pécuniaires d'une société pétitionnaire (article 14,
note). — Caractère d'une société formée pour l'exploitation des mines
(article 32, note). — Obligations spéciales des copropriétaires d'une concession (articles I[1] et note, J du modèle d'ordonnance de concession; T. V,
note). — Il leur suffit, pour s'affranchir de la responsabilité individuelle,
de satisfaire aux prescriptions de l'article 7 de la loi de 1838, et surtout à
celles de l'article P du modèle de cahier des charges. — Voir *Affiches,*
Patente.

————— anonyme. — Il serait difficile, bien que la loi de 1810 n'y donne
point ouverture, de ne pas dire ici un mot des sociétés anonymes formées
pour l'exploitation des mines ou des usines minéralurgiques.

En effet, les ingénieurs des mines sont toujours consultés dans les
affaires de ce genre. Ils donnent tous les renseignements propres à faire
apprécier l'importance, au point de vue industriel et commercial, des différents établissements qu'il s'agit de mettre en société. Ils indiquent notamment si le fonds de roulement paraît suffisant pour garantir la marche de
l'entreprise, si les dispositions relatives à la quotité du fonds de réserve
peuvent assurer la réalisation assez prompte d'un capital capable de subvenir aux éventualités imprévues. Enfin ils contrôlent les inventaires.

Le prix des mines ou des usines ne figure jamais, ni directement ni indi-
rectement, dans l'évaluation numérique du capital social que portent les
statuts de ces sociétés anonymes particulières, bien qu'il soit nécessairement une fraction notable de ce capital. Cette mesure, prise en raison des

incertitudes et des difficultés qu'offre une semblable appréciation, et des abus qui pourraient en résulter si elle se présentait avec l'apparence du contrôle de l'administration, a pour objet d'éviter tout mécompte aux tiers qui voudraient acheter les actions, ou, pour employer un mot plus exact, les *parts* entre lesquelles est divisé le capital social.

Conformément à une jurisprudence générale et constante, le gouvernement règle d'avance la dissolution (facultative ou obligatoire) de telles sociétés par les pertes éprouvées dans le fonds social : il est ordinairement stipulé que cette dissolution peut avoir lieu quand ce capital se trouve diminué de moitié, et qu'elle a lieu de droit si la diminution est des trois quarts. — On lit, à ce sujet, dans l'annexe complémentaire (11 juin 1818) de l'instruction ministérielle du 22 octobre 1817, sur les sociétés anonymes, où les mines sont citées comme exemple des difficultés que présente la fixation de la proportion de perte du capital qui doit obliger une société anonyme à se dissoudre :

« Une société formée pour une exploitation de mines, qui ne contracterait aucune dette et qui payerait au comptant ses ouvriers et ses fournisseurs, devrait être autorisée à employer la totalité du capital des actionnaires à la recherche d'un filon, et aurait droit de ne s'arrêter qu'au dernier moment. Des limites trop restreintes, dans l'usage, même infructueux, de son capital, seraient dans le cas de l'exposer à perdre le prix de ses sacrifices, au moment où un dernier effort allait en procurer un ample dédommagement. »

— L'instruction précitée exigeant que l'objet de la spéculation d'une société anonyme soit *réel*, il n'est pas besoin de dire que cette forme ne peut être revêtue par une association dont le but est de faire des recherches de mines.

Sondages. — Ils peuvent être admis par l'administration comme travaux de recherches de mines (T. III, S^on Ire, note).

Sources. — Exemples d'actions intentées par des propriétaires du sol à des concessionnaires de mines pour disparition de sources (T. V, note).
———— d'eaux minérales. — Restriction qu'elles peuvent apporter dans la recherche et l'exploitation des substances minérales (T. III, S^ou Ire, note.)
———— d'eau salée. — Voir *Sel.*

Substances minérales. — Leur classement légal (T. Ier et notes).
— Il n'a trait qu'à leur nature, et non au mode technique d'exploitation

(T. Ier et notes).—L'article 552 du code Napoléon prévoit les régimes légaux de la propriété souterraine.—Les dispositions relatives au classement légal des *mines* et des *carrières* sont purement énonciatives; mais celles concernant les *minières* sont essentiellement limitatives.

Recherches dans un terrain appartenant à l'état, à une commune, à un établissement public : forme à suivre pour en obtenir la permission; autorité qui doit la délivrer; intervention de l'administration des mines (T. III, S^{on} Ire, note).

Mêmes questions pour les terrains boisés; intervention de l'administration forestière (*ibid.*).

Voir *Sources d'eaux minérales*

———— qui ne sont plus concessibles depuis la loi de 1810 (article 51, note).

Surveillance administrative. — Mines. Le principe posé dans le titre V de la loi en est développé dans les actes mentionnés en note de ce titre. — Elle s'applique aux travaux de recherches comme aux travaux d'exploitation (T. III, S^{on} Ire, note). — Son caractère, indépendamment des droits laissés aux propriétaires du sol (T. V, note) et au concessionnaire de la mine (article 50, note). — Sa nature ressort avec netteté de la simple lecture du modèle de cahier des charges. — Elle est exercée, en premier ressort, par le préfet. — Article P du modèle de cahier des charges. — Cas où les travaux sont restreints ou suspendus au delà d'une certaine mesure (article 49 et note). — Cas où ils sont dangereux (article 50 et note). — L'ouverture de travaux nouveaux est réglée par les articles G et H du modèle de cahiers des charges. — Voir *Abandon.* — Cas où des travaux communs à plusieurs concessions sont reconnus nécessaires (articles W, X et Y du modèle de cahier des charges). — Exécution des travaux d'office (article 5 de l'ordonnance de 1843). — Voir *Sel.*

Minières, tourbières, carrières. — Voir ces mots et *Propriété.*

Taxe fixe à laquelle sont assujetties les usines minéralurgiques (article 75 et note). — Elle est triplée, par chaque année de contravention, pour les usines antérieures à 1810 et non permissionnées (article 78). Voir *Amende.* — Les usines vendues nationalement (article 75, note) et les usines à sel (circulaire du 30 mars 1841) ne sont point assujetties à cette taxe. — Elle est, pour les usines minéralurgiques hydrauliques, tout à fait distincte des redevances établies au profit du trésor, en cas de concession d'eau sur une rivière navigable et flottable, par les articles 8 et 9 de la loi de finances du 16 juillet 1840, et 6 (tableau D, S 1) de celle du 14 juillet 1856.

———— des biens de mainmorte. — Voir *Société.*

Terres alumineuses : article 3, titres VII (S^on I, II et III), IX et X. — Voir *Alun.*

———— pyriteuses : *ibid.* — Voir *Pyrites de fer.*

Tourbières. — Article 3, titres VIII (S^on II), IX et X. — Défaut de classement que présente la loi de 1810 à l'égard des tourbières. — Elles ne sont cependant pas des minières, puisqu'elles ne peuvent pas être exploitées malgré le propriétaire du sol, et se rapprochent plutôt des carrières ; elles forment à proprement parler une classe intermédiaire, en raison du règlement prévu par l'article 85. — Les tourbes vitrioliques sont seules de véritables minières. — Absence d'un règlement général pour l'exploitation des tourbières. — Nomenclature des départements ou il a été fait des règlements spéciaux. — Distinction de compétence à introduire au sujet des contraventions qui portent atteinte aux chemins (T. VIII, S^on Ire, note).

L'obligation de se pourvoir d'une autorisation pour exploiter la tourbe est sanctionnée par une peine spéciale (article 84). — Voir *Pénalités.* — Cette autorisation est délivrée par le préfet (instruction de 1810, S^on A, § 6).

La cour de cassation n'a eu à s'occuper, au sujet des tourbières, que de l'abrogation d'anciens règlements locaux (21 avril 1813, séchage des tourbes sur le terrain d'autrui ; 16 décembre 1841, question de poids et mesures). — Voir *Propriété, Vente.*

Travaux de mines antérieurs à la concession. — Les indemnités auxquelles ils donnent lieu sont de la compétence judiciaire (article 10, note 2), sauf dans les cas prévus par l'article 46 de la loi.

———— postérieurs à la concession. — Les indemnités auxquelles ils donnent lieu sont de la compétence judiciaire (articles 43, note, et 44).

Voir *Propriétaire du sol, Surveillance administrative.*

Usines minéralurgiques. — En voir la nomenclature dans la circulaire du 19 juin 1845. — Formalités de la délivrance des permissions (instruction de 1810, section A, § 8 ; arrêté de 1811 ; circulaire de 1839). — Les usines minéralurgiques autres que les bocards, patouillets et lavoirs, n'ont point été décentralisés par le décret du 25 mars 1852. — S'il y a une certaine analogie entre l'institution des concessions de mines et la délivrance des permissions d'usines, il y a cependant cette différence importante, que l'administration n'exige pas, dans le second cas comme dans le premier, que les demandeurs fournissent les justifications dont il est parlé à l'article 14 de la loi de 1810 et à l'article 25 du décret de 1813, relativement à leurs capitaux et à la capacité de la personne à laquelle ils confieront la direction de leur établissement. — Le permissionnaire doit fournir à l'administration certains renseignements statistiques, (article 36 du décret de 1810). — Défaut de situation des dispositions de la loi de 1810 relatives aux usines minéralurgiques : dans une bonne économie de cette loi, au lieu d'y former les sections IV et V du titre VII, elles auraient été l'objet d'un titre spécial, placé à la suite des dispositions relatives aux exploitations minérales de tout genre.

Établissements compris dans la zone frontière soumise à l'exercice des douanes (article 74, note 1), — dans la zone des servitudes militaires autour des places de guerre (*ibid.*).

Usines minéralurgiques qui sont en même temps des établissements insalubres, incommodes ou dangereux, ou qui ont pour annexes des ateliers de cette nature : — l'instruction des demandes est la même; seulement les conseils de préfecture sont consultés sur les oppositions relatives aux inconvénients particuliers de l'établissement (circulaire du 19 juin 1845). — La nomenclature annexée à cette circulaire indique les usines minéralurgiques qui ne sont régies que par les règlements sur les ateliers insalubres.

Voir *Affiches, Bocards, Chemins, Décret, Demande, Formalités, Lavoirs, Oppositions, Patouillets, Publications, Publicité, Société anonyme, Taxe, Vente.*

———— hydrauliques. — Rappel des règlements relatifs à cette sorte d'établissements (article 73, note). — Caractère de la seconde enquête prescrite par la circulaire de 1834 (*ibid.*). — Abrogation en cette matière de l'arrêté du 3 nivôse an VI (article 76, note). — Voir *Taxe.*

———— anciennes. — Régime de transition de la loi de 1791 à celle de 1810 (article 78 et note). — En cas de non-régularisation, l'usinier paye un triple droit (*ibid.*). — Caractère exact de cette pénalité spéciale (article 78, note). — L'administration ne perd pas le droit de régler le régime des eaux (*ibid.*). — Si l'usine a été modifiée, elle est assujettie à une nouvelle permission et au payement de la taxe de l'article 75 (*ibid.*). — Pour les usines vendues nationalement, il y a seulement lieu à un règlement hydraulique (*ibid.*), sans consultation de l'administration forestière (*ibid.*). Voir *Taxe.*

———— à fer. — Voir *Forges, Hauts fourneaux, Oppositions.* — Il importe de remarquer que l'article 80 de la loi ne concerne absolument que les propriétaires d'usines à fer, à l'exclusion des propriétaires d'autres usines métalliques.

———— où l'on traite les produits des mines métalliques et des mines de sels alumineux et vitrioliques (T. VII, S⁰ⁿ IV, note). — Elles sont rangées dans l'une des trois classes d'établissements insalubres (circulaire de 1845).

———— à sel (*ibid.*). — Latitude relative au nombre de poêles (*ibid.*). — Le délai des affiches est réduit à un mois (article 25 de l'ordonnance de 1841). — Les usines à sel appartiennent à la troisième classe des établissements insalubres (circulaire de 1845). — Voir *Taxe*.

Vente des mines, — n'est soumise à aucune autorisation, pourvu qu'elle ait pour objet une concession entière (article 7, § 2, et note), et qu'elle ne soit pas faite à un concessionnaire de mines de même nature. Voir *Réunion*. — La seule obligation, en cas de vente, consiste dans l'élection par le nouveau propriétaire d'un domicile administratif (ordonnance de 1842). — Voir *Algérie*.

———— par lots. — Voir *Division*.

———— des produits de recherches de mines. — Voir *Recherches*.

———— des minières (article 59, note 1).

———— des tourbières, des carrières, — n'est soumise absolument à aucune formalité. — La transmission du droit d'enlever la tourbe d'un fonds (C. C. 31 juillet 1839), d'extraire les matériaux d'une carrière (C. C. 19 mars 1816, 12 août 1833 et 22 août 1842), est traitée par l'administration de l'enregistrement comme l'amodiation d'une mine.

———— des usines de nature quelconque, — n'est soumise à aucune autorisation. L'arrêté du 3 nivôse an VI doit être considéré comme implicitement abrogé en cette matière (article 76, note).

Villes. — Leurs relations avec les mines (article H¹ du modèle de cahier des charges).

Voisinage en matière d'usines à fer et de minières (articles 59 à 62, et notes). — Voir *Fer*.

TABLE DES MATIÈRES.